?! 歴史漫画《れきしまんが》 タイムワープ シリーズ

大坂城《おおさかじょう》へタイムワープ

マンガ：細雪《ささめゆき》 純《じゅん》／ストーリー：チーム・ガリレオ／監修《かんしゅう》：河合《かわい》 敦《あつし》

はじめに

今回《こんかい》のテーマは、学校《がっこう》の授業《じゅぎょう》などではあまり取《と》り上《あ》げられることのない日《に》本《ほん》の城《しろ》についてです。

日本《にほん》の城《しろ》といえば、まず思《おも》い浮《う》かべるのは、姫路城《ひめじじょう》や大阪城《おおさかじょう》のような立派《りっぱ》な天守《てんしゅ》ではないでしょうか。このような天守《てんしゅ》のある城《しろ》がつくられるようになるのは、戦国時代《せんごくじだい》も終《お》わりの頃《ころ》で、実《じつ》はそれ以前《いぜん》の城《しろ》に天守《てんしゅ》はありませんでした。今回《こんかい》は、こうした城《しろ》の歴史《れきし》や日本《にほん》の城《しろ》の特徴《とくちょう》について取《と》り上《あ》げます。

マンガでは、今《いま》から約《やく》400年前《ねんまえ》、徳川家康《とくがわいえやす》が豊臣家《とよとみけ》を滅《ほろ》ぼそうとした大《おお》坂《さか》の陣《じん》を間近《まぢか》にひかえた大坂城《おおさかじょう》を舞台《ぶたい》にカイ、マリン、リクの3人組《にんぐみ》が、城《しろ》の秘密《ひみつ》をさぐっていきます。3人《にん》といっしょに、日本《にほん》の城《しろ》についてくわしくなる旅《たび》に出《で》かけましょう。

監修者《かんしゅうしゃ》　河合《かわい》 敦《あつし》

今回《こんかい》のタイムワープの舞台《ぶたい》は…？

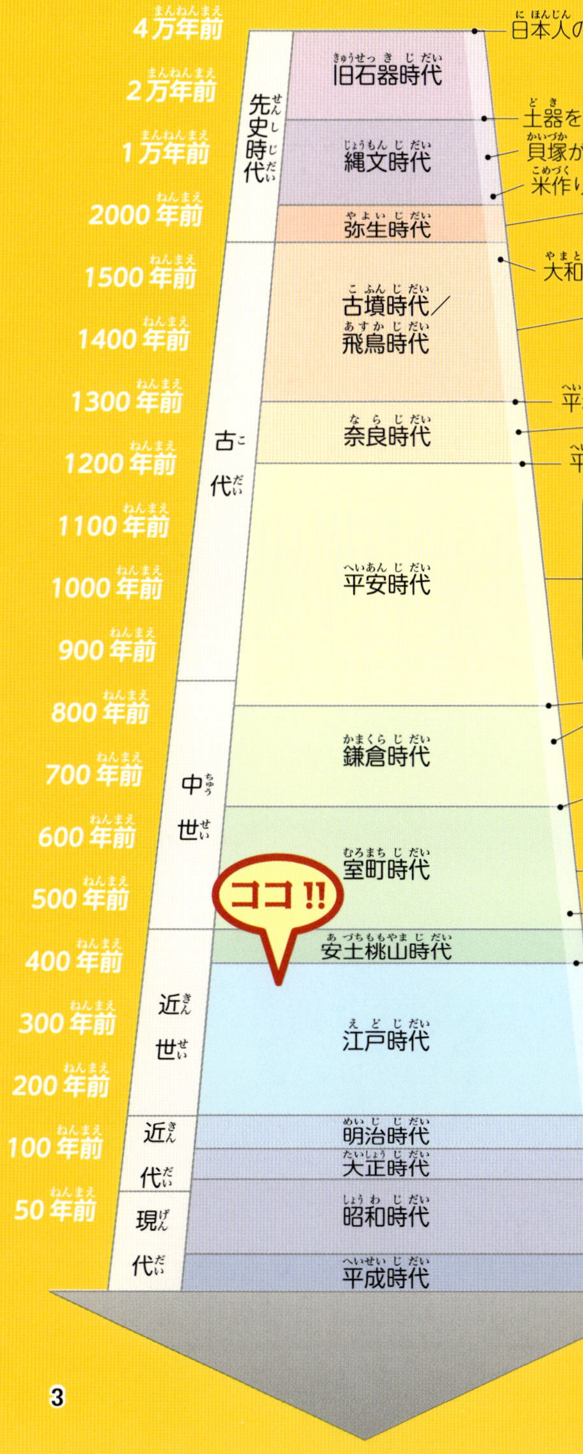

4万年前《まんねんまえ》
2万年前《まんねんまえ》
1万年前《まんねんまえ》
2000年前《ねんまえ》
1500年前《ねんまえ》
1400年前《ねんまえ》
1300年前《ねんまえ》
1200年前《ねんまえ》
1100年前《ねんまえ》
1000年前《ねんまえ》
900年前《ねんまえ》
800年前《ねんまえ》
700年前《ねんまえ》
600年前《ねんまえ》
500年前《ねんまえ》
400年前《ねんまえ》
300年前《ねんまえ》
200年前《ねんまえ》
100年前《ねんまえ》
50年前《ねんまえ》
先史時代《せんしじだい》
古代《こだい》
中世《ちゅうせい》
近世《きんせい》
近代《きんだい》
現代《げんだい》
旧石器時代《きゅうせっきじだい》
縄文時代《じょうもんじだい》
弥生時代《やよいじだい》
古墳時代《こふんじだい》／飛鳥時代《あすかじだい》
奈良時代《ならじだい》
平安時代《へいあんじだい》
鎌倉時代《かまくらじだい》
室町時代《むろまちじだい》
安土桃山時代《あづちももやまじだい》
江戸時代《えどじだい》
明治時代《めいじじだい》
大正時代《たいしょうじだい》
昭和時代《しょうわじだい》
平成時代《へいせいじだい》
ココ!!
日本人《にほんじん》の祖先《そせん》が住《す》み着《つ》く
土器《どき》を作《つく》り始《はじ》める
貝塚《かいづか》が作《つく》られる
米作《こめづく》りが伝《つた》わる
大和朝廷《やまとちょうてい》が生《う》まれる
平城京《へいじょうきょう》が都《みやこ》になる
平安京《へいあんきょう》が都《みやこ》になる
モンゴル（元《げん》）軍《ぐん》が２度《ど》攻《せ》めてくる
室町幕府《むろまちばくふ》が開《ひら》かれる
金閣《きんかく》や銀閣《ぎんかく》がつくられる
江戸幕府《えどばくふ》が開《ひら》かれる
明治維新《めいじいしん》
大正《たいしょう》デモクラシー
太平洋戦争《たいへいようせんそう》
高度経済成長《こうどけいざいせいちょう》

米作《こめづく》りが広《ひろ》まる

巨大《きょだい》なお墓《はか》（古墳《こふん》）がつくられる

奈良《なら》の大仏《だいぶつ》がつくられる

華《はな》やかな貴族《きぞく》の時代《じだい》

鎌倉幕府《かまくらばくふ》が開《ひら》かれる
（武士《ぶし》の時代《じだい》の始《はじ》まり）

戦国時代《せんごくじだい》

町人文化《ちょうにんぶんか》が盛《さか》んになる

文明開化《ぶんめいかいか》

現代《げんだい》

もくじ

歴史《れきし》なるほどメモ

※「大阪《おおさか》」は、江戸時代以前《えどじだいいぜん》は「大坂《おおさか》」と書《か》くのが一《いっ》般的《ぱんてき》でした。この本《ほん》でも、江戸時代以前《えどじだいいぜん》のことをいう時《とき》は、「大坂《おおさか》」としています。

登《とう》場《じょう》人《じん》物《ぶつ》

カイ

元気《げんき》なのが取《と》りえ。
「冒険《ぼうけん》がオレを呼《よ》んでるぜ！」と、
あとさき考《かんが》えず、すぐに行動《こうどう》。

マリン

ちゃっかりした性格《せいかく》。
子《こ》どもっぽいカイに
厳《きび》しくツッコミを入《い》れる。
ダンスが得意《とくい》。

リク

やさしくて動物《どうぶつ》好《ず》き。
学校《がっこう》では「いきもの係《がかり》」。
ネズミのチュー太郎《たろう》を飼《か》っている。

神《かみ》の亀《かめ》

時《とき》を超《こ》える力《ちから》を持《も》つ不思議《ふしぎ》な亀《かめ》。

やしゃお

ノリが超軽《ちょうかる》い、神《かみ》の亀《かめ》の玄孫《やしゃご》(孫《まご》の孫《まご》)。

時《とき》を飛《と》ぶのは修業中《しゅぎょうちゅう》。

真田幸村《さなだゆきむら》

大坂《おおさか》の陣《じん》で豊臣方《とよとみがた》についた武将《ぶしょう》。

カイたちに、あるものを

探《さが》すよう頼《たの》む。

豊臣秀頼《とよとみひでより》

豊臣秀吉《とよとみひでよし》の子《こ》で、天下《てんか》の大坂城《おおさかじょう》の主《あるじ》。

のんびり、のほほんとした性格《せいかく》。

1章《しょう》

冒険《ぼうけん》に出《で》かけよう!

カイ
冒険《ぼうけん》に
行《い》きたい!
冒《ぼう》険《けん》がオレをまっているんだあ〜〜〜っ!!
ゴロゴロゴロゴ
チュー太郎《たろう》
また始《はじ》まったわね
マリン
リク
カイの冒険《ぼうけん》に行《い》きたい病《びょう》

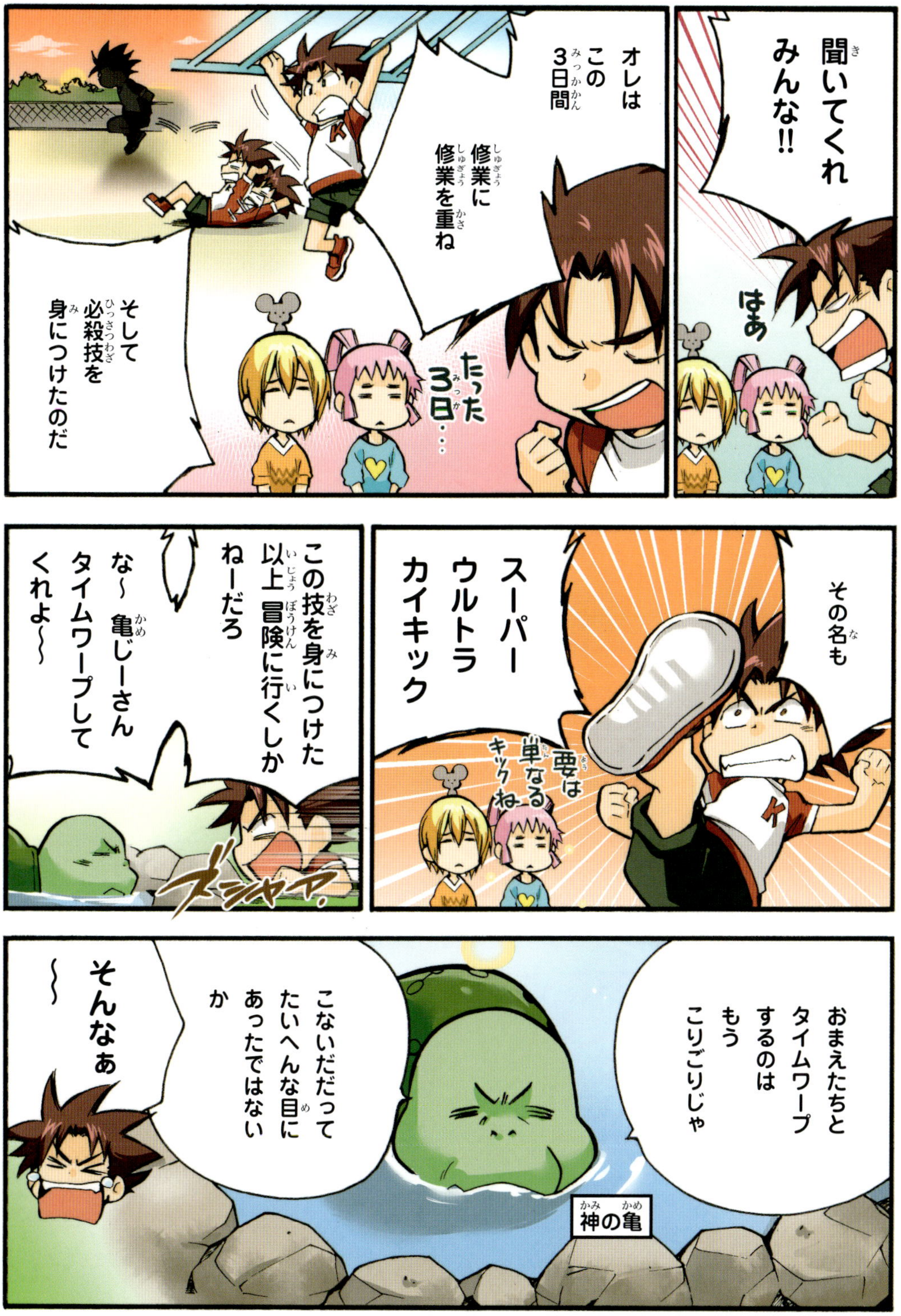

聞《き》いてくれ みんな!!
はあ
オレは この 3日間《みっかかん》
修業《しゅぎょう》に 修業《しゅぎょう》を重《かさ》ね
そして 必殺技《ひっさつわざ》を 身《み》につけたのだ
たった 3日《みっか》・・・
その名《な》も
スーパー ウルトラ カイキック
要《よう》は 単《たん》なる キックね
この技《わざ》を身《み》につけた 以上《いじょう》 冒険《ぼうけん》に行《い》くしか ねーだろ
な～ 亀《かめ》じーさん タイムワープして くれよ～～
ズシャア
おまえたちと タイムワープ するのは もう こりごりじゃ
こないだだって たいへんな目《め》に あったではない か
そんなぁ～～
神《かみ》の亀《かめ》

そんな時《とき》はオレっちにおまかせ!!
バシャーッ
ビシーッ
神《かみ》の亀《かめ》の玄孫《やしゃご》の「やしゃお」
満《まん》を持《じ》してここに見参《けんざん》!
やしゃお
ちっちゃい…
おまえタイムワープできんのか!?
もちろんスよ★
今《いま》までタイムワープしたことは?
ないっス

オレっちも日々《ひび》タイムワープの修業《しゅぎょう》を積《つ》み重《かさ》ね
今《いま》まさにデビューの時《とき》なんス!!
ところどころ回想《かいそう》おかしくない?
ガシィ
オレたち同志《どうし》だな
ああ!!
やな予感《よかん》…
よし そうと決《き》まればさっそく頼《たの》むぜ
おう
ちょっ…まっ…
コラ やしゃおー

おまえはまだ時《とき》を飛《と》ぶのは修業中《しゅぎょうちゅう》じゃろ
チッチッチ ひいひいじいちゃん
オレっちマジやる時《とき》はやるんスよ
かわいい玄孫《やしゃご》には旅《たび》をさせろっていうじゃないスか
どやっ
いわんわ!!
いざ……
レッツゴー
ひ〜〜〜っ

ひゃっほ——っ!
わーっ
チュウ〜〜っ

ザザーン。。
1583年《ねん》
瀬戸内海《せとないかい》
ゴゴゴゴ。。
ドドーン
カッ。。

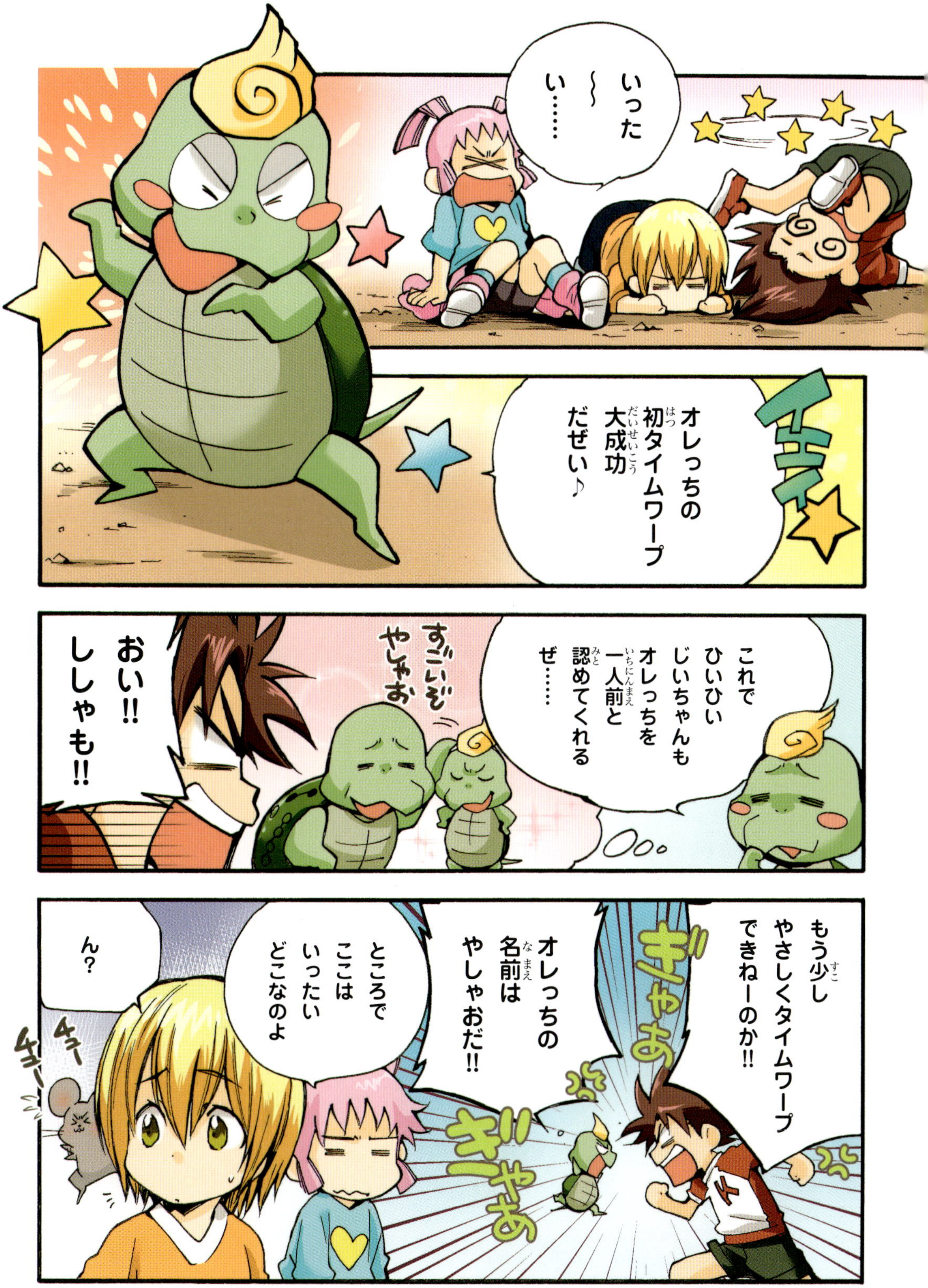
いった～～い……
イエイ
オレっちの初《はつ》タイムワープ大成功《だいせいこう》だぜい♪
これでひいひいじいちゃんもオレっちを一人前《いちにんまえ》と認《みと》めてくれるぜ……
すごいぞやしゃお
おい!! ししゃも!!
もう少《すこ》しやさしくタイムワープできねーのか!!
ぎゃあ
ぎゃあ
オレっちの名前《なまえ》はやしゃおだ!!
ところでここはいったいどこなのよ
ん？
チュー
チュー

どうしたの?
チュー太郎《たろう》
チューチューーッ
ゴロン
ゴロンゴロン
うわあーーっ!!

みんなー
横《よこ》に
跳《と》べーー
ゴロゴロ
ゴロ
はーっ
はーっ
た……助《たす》かった
なんだよ タイムワープ
そうそう!! おまえのせいか ヤバ男《お》!!
やしゃおだ!!
いや～ スマン スマン
つなが 切《き》れちまって
けがは ないかいな
え…ええ

うわぁ〜〜
みんなスゲーでっかい石《いし》を運《はこ》んでる
さて……積《つ》み直《なお》しだ
おじさんこの石《いし》何《なに》に使《つか》うの?
決《き》まっとるがな
城《しろ》の石垣《いしがき》や
城《しろ》!!
マジっスか超《ちょう》クールっスね!!
いま…このカメしゃべった…?
ああ腹話術《ふくわじゅつ》ですよ
いやマジパネエっス!

コラー――
そこの3人《にん》
ボヤボヤしてんと
こっち手伝《てつだ》え
いま…あのカメ…
……はーい
ただいま
ん……?
なんだ
ここいらで
見《み》かけんやつ
やな
はい!!
今日《きょう》からの
新入《しんい》りです
さよか
も～ また
たいへんそうな
ことに首《くび》
突《つ》っ込《こ》んでェ
これこそ
冒険《ぼうけん》
だぜ!
オレはこの
現場《げんば》の親方《おやかた》だ
おまえら
名前《なまえ》は?
はい

わたしはマリンよ
チュー
……リクです
むーっむーっ
オレはカイだ!!
よし カイ リク マリン
みんなでこの石《いし》を引《ひ》くんだ
おーっ
まかせとけ〜!!
ひぃ〜〜大《おお》きすぎだよお……
あっホラ引《ひ》け〜い!!
あ〜ソレソレ
ほいほい

ぐぎぎ
ぎぎ……
なんだよ 全然《ぜんぜん》
動《うご》かねーぞ
はーっぱーっ
何《なに》やってん
ねん
もっと
力《ちから》を出《だ》すん
やー
あっソレ
ホーレ
ホーレ
ホイ
ダッ
マリン!?
あいつが石《いし》から
降《お》りりゃ
ちょっとは軽《かる》く
なるのに
カイ!!
わたしも
あの人《ひと》が石《いし》から
降《お》りるのに
賛成《さんせい》だわ
キラーン

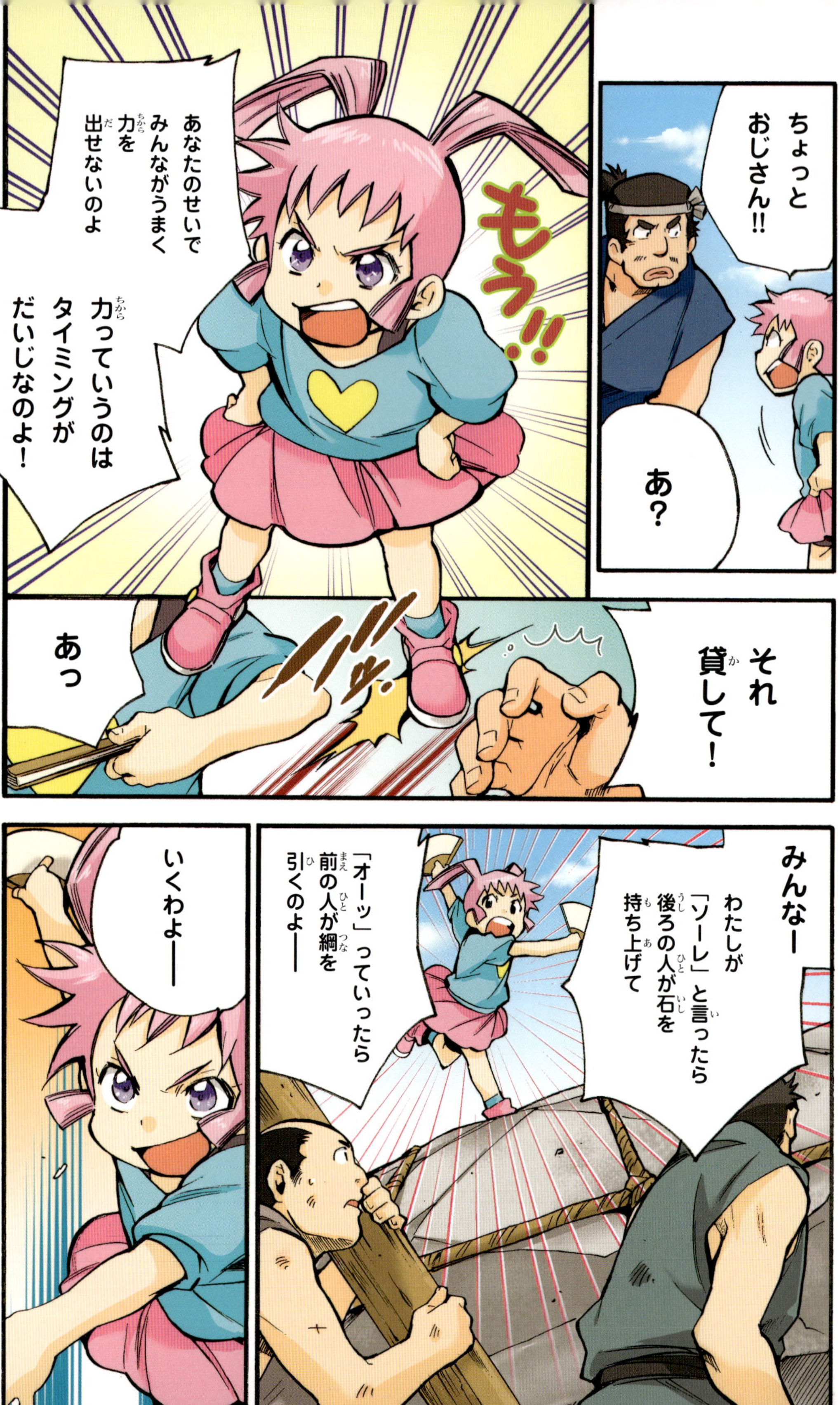
ちょっとおじさん!!
あ?
もう!!
あなたのせいでみんながうまく力《ちから》を出《だ》せないのよ
力《ちから》っていうのはタイミングがだいじなのよ!
それ貸《か》して!
あっ
みんなー
わたしが「ソーレ」と言《い》ったら後《うし》ろの人《ひと》が石《いし》を持《も》ち上《あ》げて
「オーッ」っていったら前《まえ》の人《ひと》が綱《つな》を引《ひ》くのよー
いくわよ――

ソーレ
オーッ
ソーレ
オーッ
おお……
ずいぶん楽《らく》に石《いし》が動《うご》かせるぞ
さすがのリズム感《かん》だぜマリン!!
だね!!
ほ〜〜っ

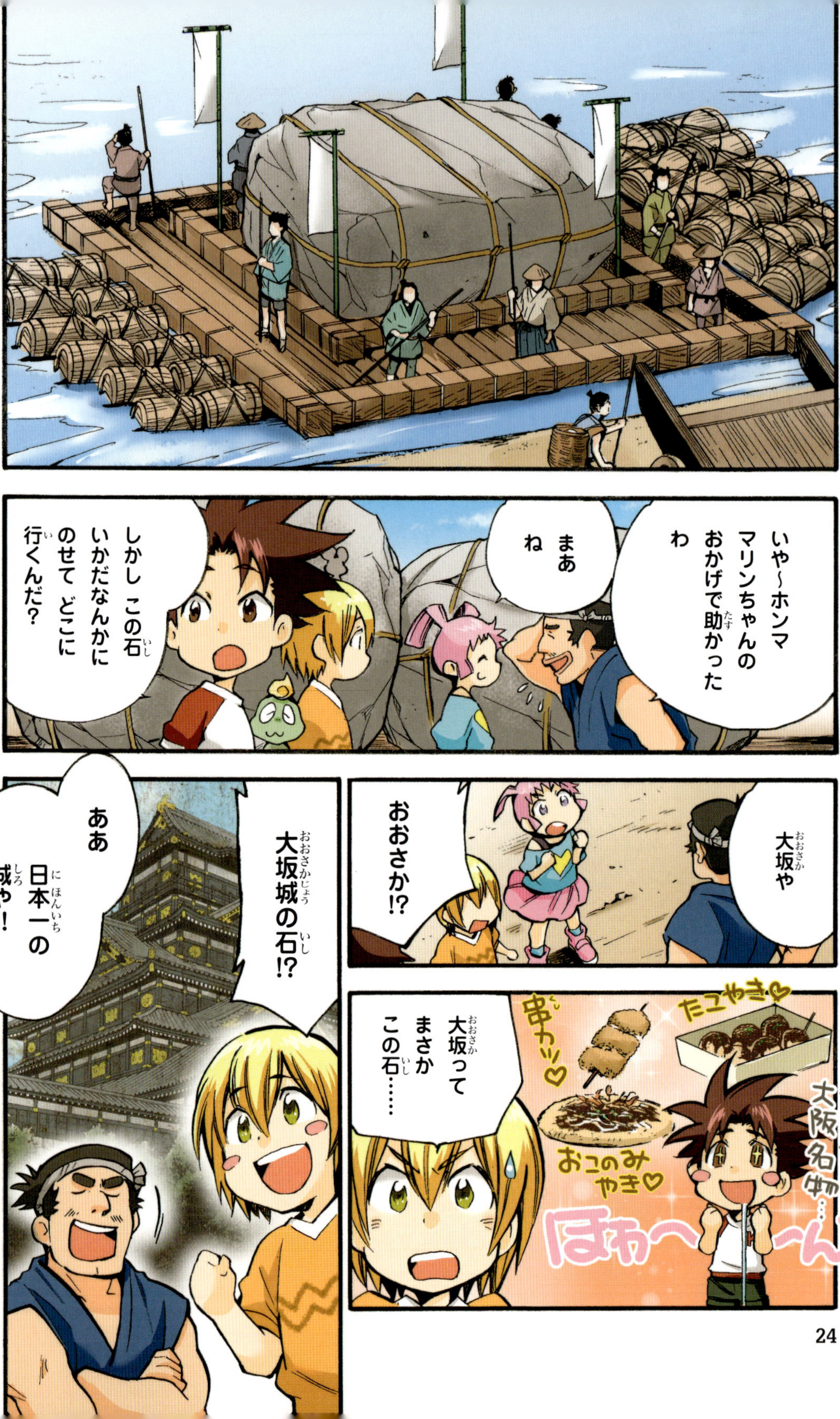
いや～ホンマ マリンちゃんのおかげで助《たす》かったわ
まあね
しかし この石《いし》 いかだなんかにのせて どこに行《い》くんだ?
大坂《おおさか》や
おおさか!?
大坂《おおさか》って まさか この石《いし》……
串《く》カツ♡
たこやき♡
おこのみやき♡
大阪名物《おおさかめいぶつ》…
ほぁ～～ん
大坂城《おおさかじょう》の石《いし》!?
ああ 日本一《にほんいち》の城《しろ》や!!

なあ
マリンちゃん
これから行《い》く
工事現場《こうじげんば》でも
手伝《てつだ》って
くれんか
頼《たの》むっ
もちろん
いいわよ
たこやきが
オレを呼《よ》んでる
ぜ〜〜
カイ……
冒険《ぼうけん》は
どうなった
の？

城《しろ》って何《なん》だろう？

① 城《しろ》の役割《やくわり》と歴史《れきし》

「城《しろ》」とは、外《そと》からの敵《てき》の侵入《しんにゅう》を防《ふせ》ぐためにつくられた建造物《けんぞうぶつ》のことです。弥生時代《やよいじだい》に、集落《しゅうらく》を堀《ほり》や柵《さく》で囲《かこ》み、敵《てき》を見張《みは》る物見櫓《ものみやぐら》がつくられたのが、日本《にほん》の城《しろ》のはじまりとされています。

城《しろ》がさかんにつくられだしたのは戦国時代《せんごくじだい》です。しかし、当時《とうじ》の城《しろ》は、山《やま》や丘《おか》などの自然《しぜん》を利用《りよう》した「山城《やまじろ》」がほとんどでした。まずは高《たか》い場所《ばしょ》に城《しろ》を築《きず》くことで、敵《てき》が簡単《かんたん》に近《ちか》づけないようにしたのです。

やがて戦国武将《せんごくぶしょう》の中《なか》に大《おお》きな経済力《けいざいりょく》や軍事力《ぐんじりょく》を持《も》つ者《もの》が現《あらわ》れると、大規模《だいきぼ》な工事《こうじ》で、大《おお》きな堀《ほり》や石垣《いしがき》をつくることが可能《かのう》になりました。堀《ほり》や石垣《いしがき》で城《しろ》を守《まも》ることができるなら、低《ひく》い場所《ばしょ》のほうが交通《こうつう》の便《べん》もよく、領地《りょうち》を治《おさ》めるのにも好都合《こうつごう》です。そこで、小高《こだか》い丘《おか》につくられる「平山城《ひらやまじろ》」や、平地《へいち》につくられる「平城《ひらじろ》」が増《ふ》えていきました。

もの知《し》りコラム

城《しろ》は国《くに》によって違《ちが》う！

城《しろ》のつくりを、お隣《となり》の中国《ちゅうごく》と比較《ひかく》してみましょう。

昔《むかし》の中国《ちゅうごく》では、異民族《いみんぞく》との戦争《せんそう》の時《とき》に、城《しろ》に住《す》む領主《りょうしゅ》だけでなく町《まち》ごと滅《ほろ》ぼしてしまうことがありました。そのため町全体《まちぜんたい》を城壁《じょうへき》で囲《かこ》んでいます。このような都市《とし》を「城郭都市《じょうかくとし》」といいます。

一方《いっぽう》、日本《にほん》では、城《しろ》を攻《せ》めても町《まち》まで滅《ほろ》ぼすことはめったにありません。そのため、城《しろ》だけを囲《かこ》む城壁《じょうへき》が多《おお》くつくられたのです。

中国《ちゅうごく》

日本《にほん》

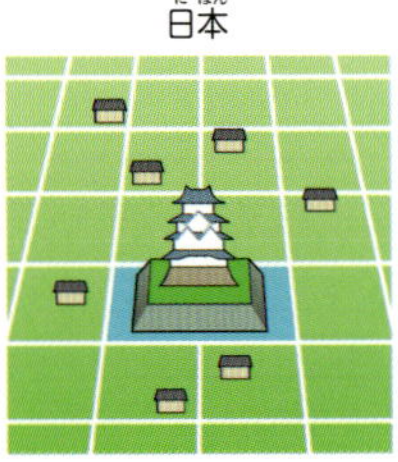

安土城《あづちじょう》（復元図《ふくげんず》）
石垣《いしがき》や、広《ひろ》い水堀《みずぼり》、壮大《そうだい》な天主《てんしゅ》を備《そな》えた城《しろ》。安土城《あづちじょう》をきっかけに、城《しろ》は、敵《てき》の侵入《しんにゅう》を防《ふせ》ぐ建物《たてもの》というだけではなく、権力《けんりょく》を見《み》せつけるシンボルとしての役割《やくわり》も持《も》つようになった

安土城天主《あづちじょうてんしゅ》と城下町《じょうかまち》（復元図《ふくげんず》）
信長《のぶなが》は、けらいや商人《しょうにん》・職人《しょくにん》を城《しろ》のまわりに住《す》まわせ、「城下町《じょうかまち》」をつくった。城下町《じょうかまち》は政治《せいじ》・経済《けいざい》の中心《ちゅうしん》として栄《さか》えた

②天守《てんしゅ》のルーツは安土城《あづちじょう》にあり！

「城《しろ》」と聞《き》くと、大阪城《おおさかじょう》や姫路城《ひめじじょう》のような、天守《てんしゅ》がそびえたつ城《しろ》を思《おも》い浮《う》かべますが、実《じつ》は、このタイプの城《しろ》は、戦国時代《せんごくじだい》の終《お》わりから江戸時代初《えどじだいはじ》めにかけてのごく短《みじか》い時期《じき》につくられたものです。この城《しろ》のスタイルをつくりあげたのが、戦国武将《せんごくぶしょう》の織田信長《おだのぶなが》です。

信長《のぶなが》は、天下統一《てんかとういつ》の拠点《きょてん》として、近江国《おうみのくに》（滋賀県《しがけん》）に安土城《あづちじょう》を築城《ちくじょう》しました。本格的《ほんかくてき》な天主《てんしゅ》（天守《てんしゅ》を安《あ》土城《づちじょう》ではこう記《しる》す）を持《も》つものとしては、初《はじ》めての城《しろ》です。

そびえたつ天主《てんしゅ》は権力《けんりょく》の象《しょう》徴《ちょう》として、当時《とうじ》の人々《ひとびと》の目《め》にうつったことでしょう。このスタイルを豊臣秀吉《とよとみひでよし》や徳川《とくがわ》家康《いえやす》などが受《う》け継《つ》ぎ、城《しろ》のスタンダードとなっていったのです。

このページの写真２点：近江八幡市提供・天主復元案は内藤昌氏監修　凸版印刷株式会社制作

2章《しょう》

これが城《しろ》の工事現場《こうじげんば》だ！

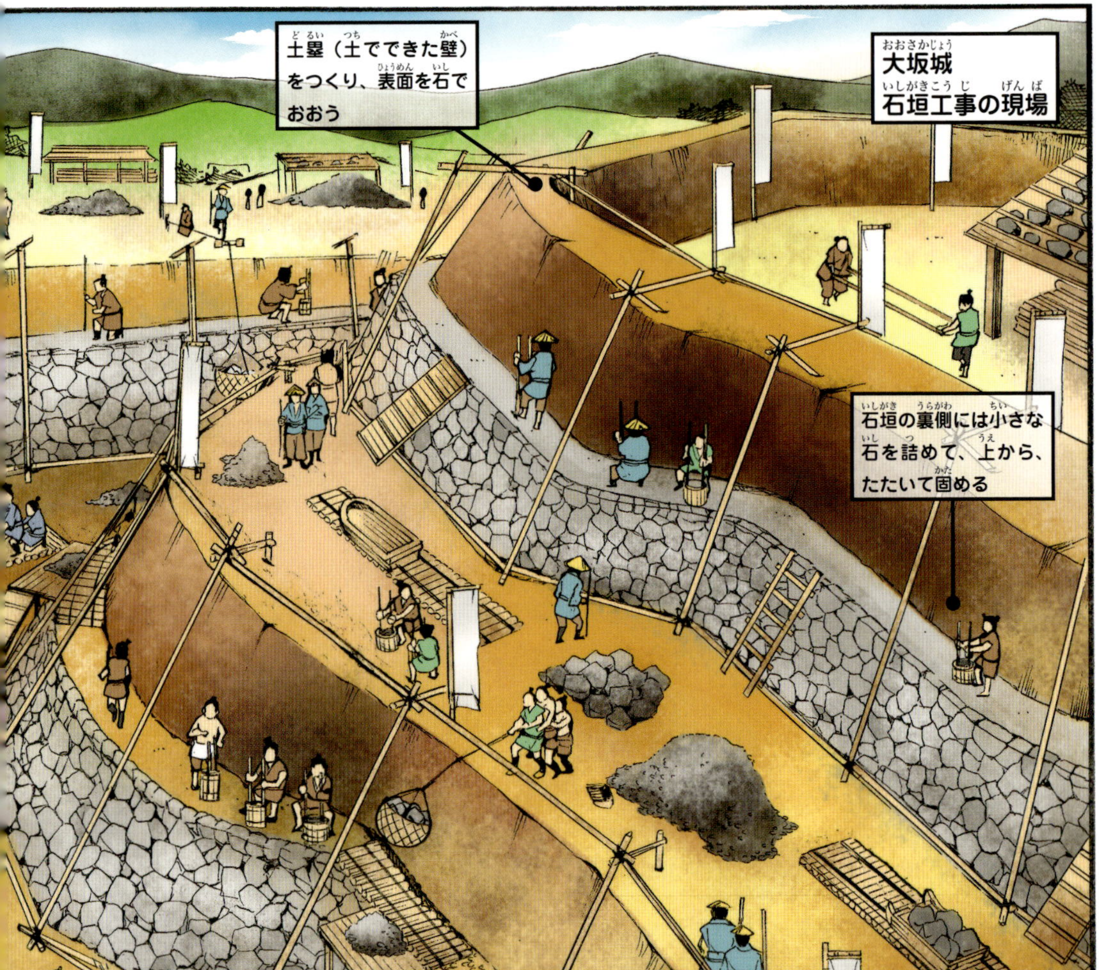
土塁《どるい》（土《つち》でできた壁《かべ》）をつくり、表面《ひょうめん》を石《いし》でおおう
大坂城《おおさかじょう》
石垣工事《いしがきこうじ》の現場《げんば》
石垣《いしがき》の裏側《うらがわ》には小《ちい》さな石《いし》を詰《つ》めて、上《うえ》から、たたいて固《かた》める

なんだよ 城《しろ》なんか ないじゃん
だから今《いま》つくってるんでしょ

城《しろ》のまわりを囲《かこ》むように、堀《ほり》をつくる（最後《さいご》に水《みず》を引《ひ》き込《こ》む）
大《おお》きな石《いし》は、並《なら》べた丸太《まるた》の上《うえ》をすべらせて運《はこ》ぶ

構図原案　青山邦彦

カイにリク!!
さぼってないで作業《さぎょう》して!!
すっかり現場《げんば》監督《かんとく》だな
よいしょ
はいはいわかりましたよ
コラコラそんな積《つ》み方《かた》したらアカン!!
え?
石積《いしづ》みは難《むずか》しいんや
せやからオレら石積《いしづ》み専門《せんもん》の職人《しょくにん》がおるんや
へー
ただ積《つ》めばいいわけじゃないのか

特《とく》にこの 角《かど》の部分《ぶぶん》は素人《しろうと》には まかせられへん
えっ なんで？
角《かど》ってのは 特《とく》に崩《くず》れやすく てな
だからこうして 長方形《ちょうほうけい》の長《なが》い石《いし》を 交互《こうご》に組《く》めば 崩《くず》れにくくなる わけよ
木箱《きばこ》の角《かど》と 同《おな》じですね
おまえたちは これを使《つか》って 足元《あしもと》の石垣《いしがき》でも 固《かた》めてろ
こんな地味《じみ》な 作業《さぎょう》 オレに向《む》いて ね――
重《おも》い…
ドス
ドス

黒田官兵衛《くろだかんべえ》さまだ
あの人《ひと》は誰《だれ》ですか?
この城《しろ》の縄張《なわば》り*をした武将《ぶしょう》で 城《しろ》づくりの名人《めいじん》といわれている お方《かた》やで
豊臣秀吉《とよとみひでよし》のけらい
黒田官兵衛《くろだかんべえ》
縄張《なわば》りって何《なん》だ?
縄《なわ》を張《は》って城《しろ》を設計《せっけい》することや
へーー ほんとに縄《なわ》を張《は》ってんだ

＊縄張《なわば》りについては、42ページを見《み》よう。

秀吉《ひでよし》さまだ！
秀吉《ひでよし》さまがいらしたぞ!!
みなの者《もの》はげんでおるか～～？
げんき？
つかれた～？
わ～っ
モミモミ
豊臣秀吉《とよとみひでよし》
豊臣秀吉《とよとみひでよし》！ドラマで見《み》た！本物《ほんもの》の天下人《てんかびと》だ～
うわ～っ
えっ何《なに》有名人《ゆうめいじん》なの？
さあみなの者《もの》～～天下《てんか》に秀吉《ひでよし》ありと知《し》らしめるためので～っかい城《しろ》をつくるんだぎゃ～

秀吉《ひでよし》さーーん!!
わーい
おーー なんや なんや
有名人《ゆうめいじん》なんでしょ オレと握手《あくしゅ》して
ぐるぐるぐる
よっしゃ
お安《やす》いご用《よう》だがや
秀吉《ひでよし》さん いい人《ひと》だな
うん
カイ……
なんだろう?

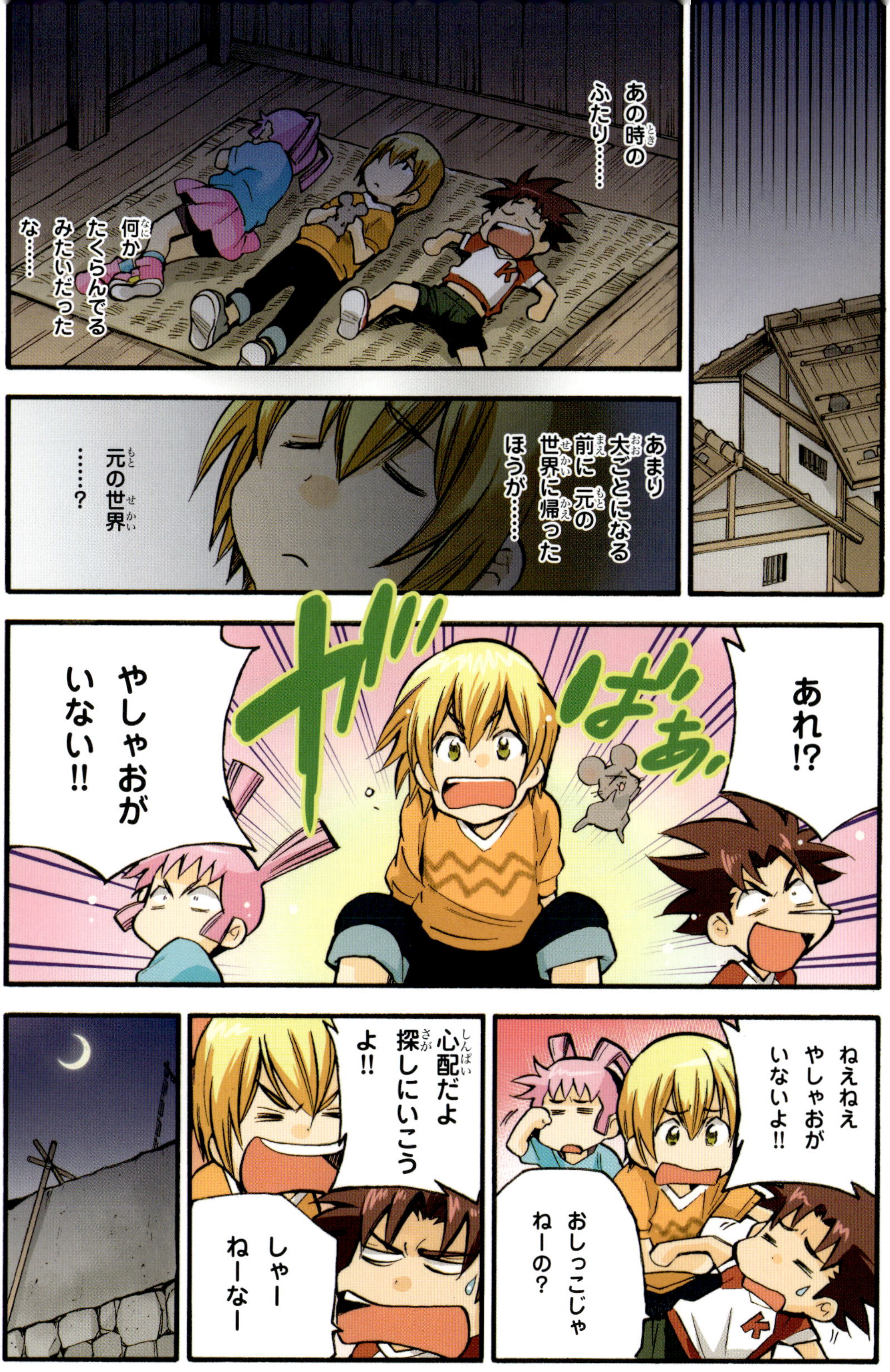
あの時《とき》の ふたり……
何《なに》か たくらんでる みたいだった な……
あまり 大《おお》ごとになる 前《まえ》に 元《もと》の 世界《せかい》に帰《かえ》った ほうが……
元《もと》の世界《せかい》 ……?
ガばぁ
あれ!?
やしゃおが いない!!
ねえねえ やしゃおが いないよ!!
おしっこじゃ ねーの?
心配《しんぱい》だよ 探《さが》しにいこう よ!!
しゃー ねーなー

あーもう めんどくせ～ あいつどこ 行《い》ったんだよ
ん？
何《なん》だ？
あかりが 見《み》えるぞ

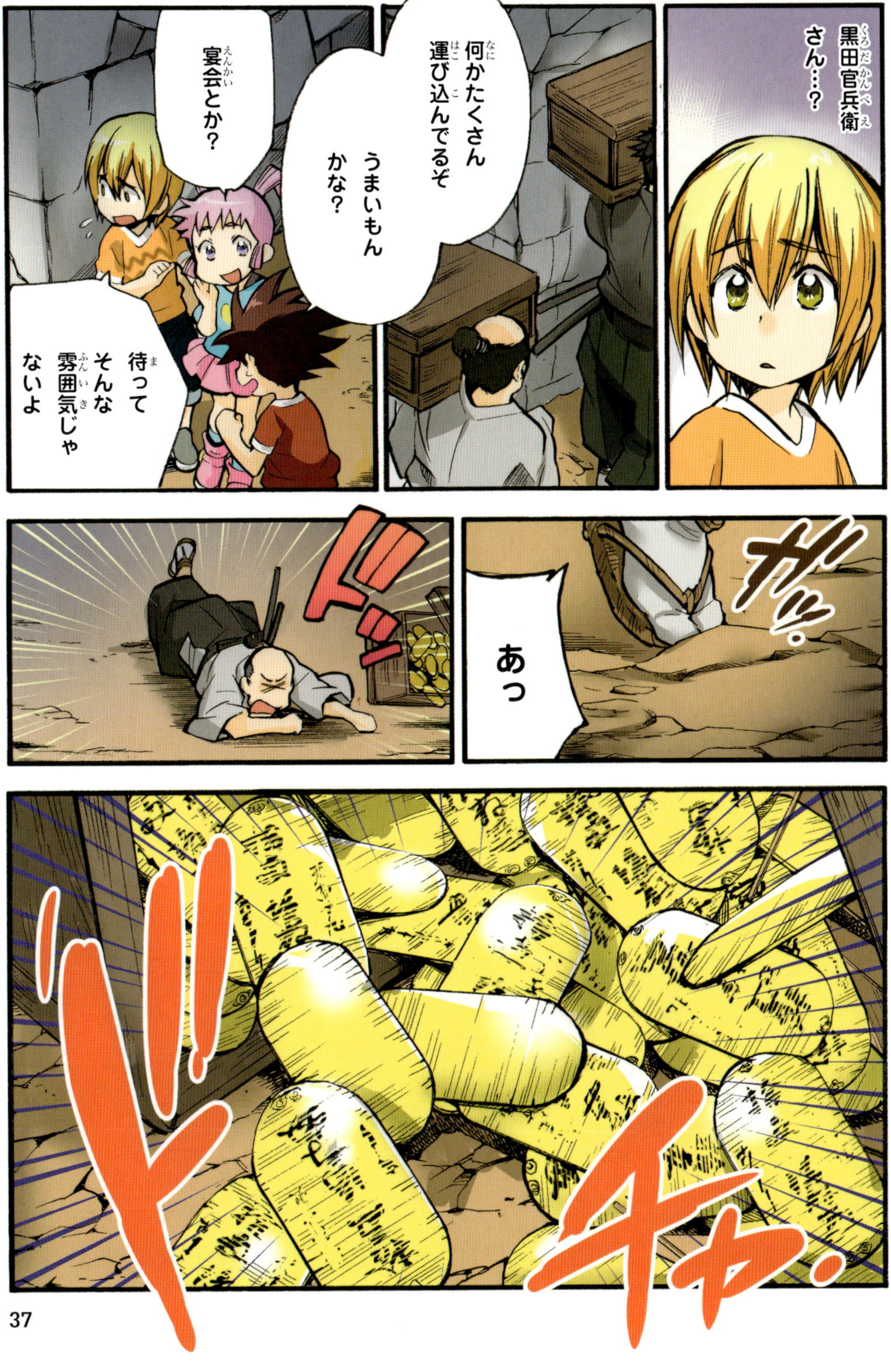

黒田官兵衛《くろだかんべえ》さん…？
何《なに》かたくさん運《はこ》び込《こ》んでるぞ
うまいもんかな？
宴会《えんかい》とか？
待《ま》ってそんな雰囲気《ふんいき》じゃないよ
ザッ
あっ
ドッ

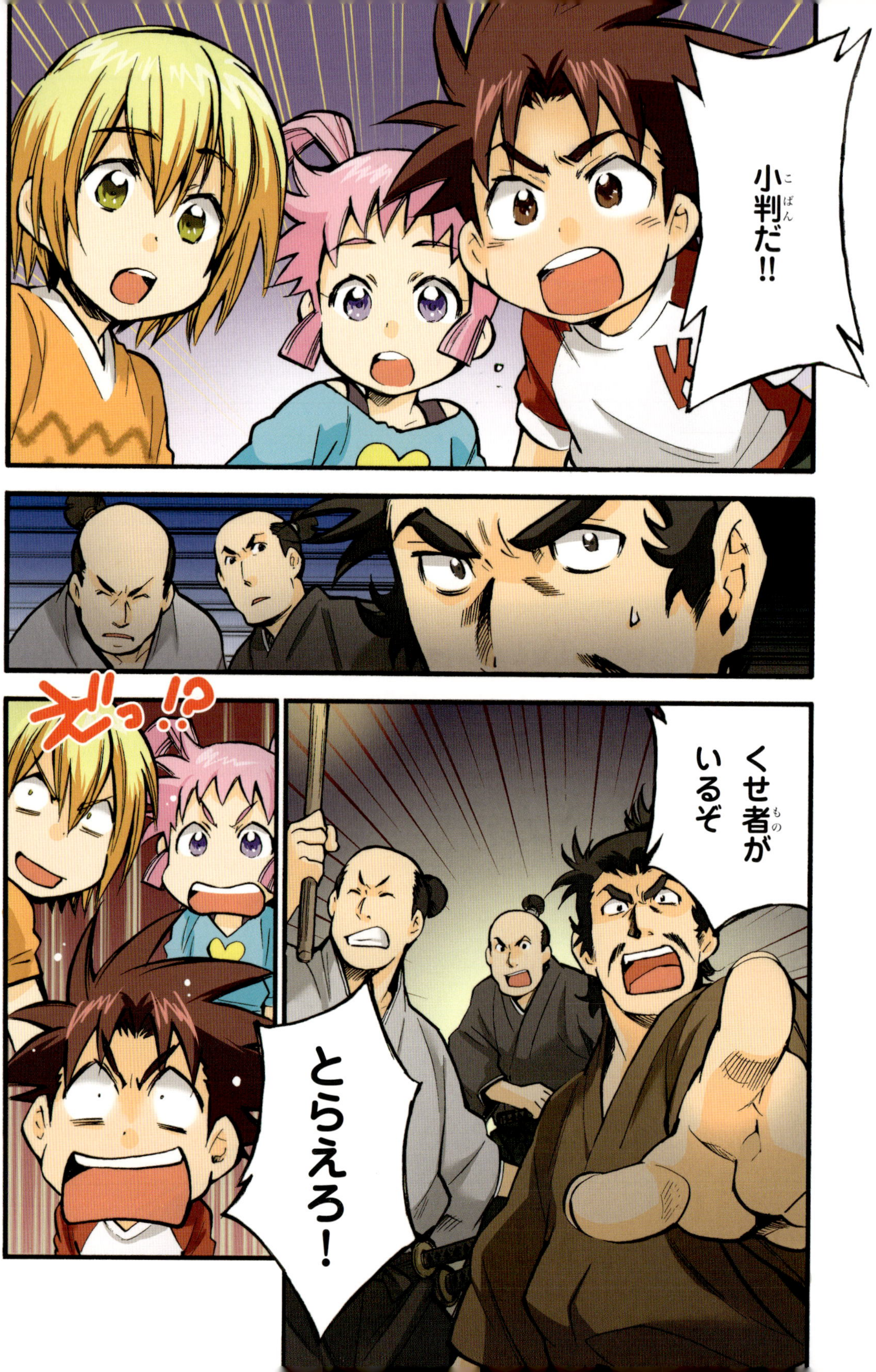

小判《こばん》だ!!
ギっ!?
くせ者《もの》がいるぞ
とらえろ!

逃《に》げろーー!!
オレたち 何《なに》か
まずいもの
見《み》たのか
〜〜!?
はぁ
はぁ

リク
だいじょう
ぶ!?
ひー
ひーっ
も……
はぁ
はぁ
はぁ・
もう
だめ
ガッ
あ──っ

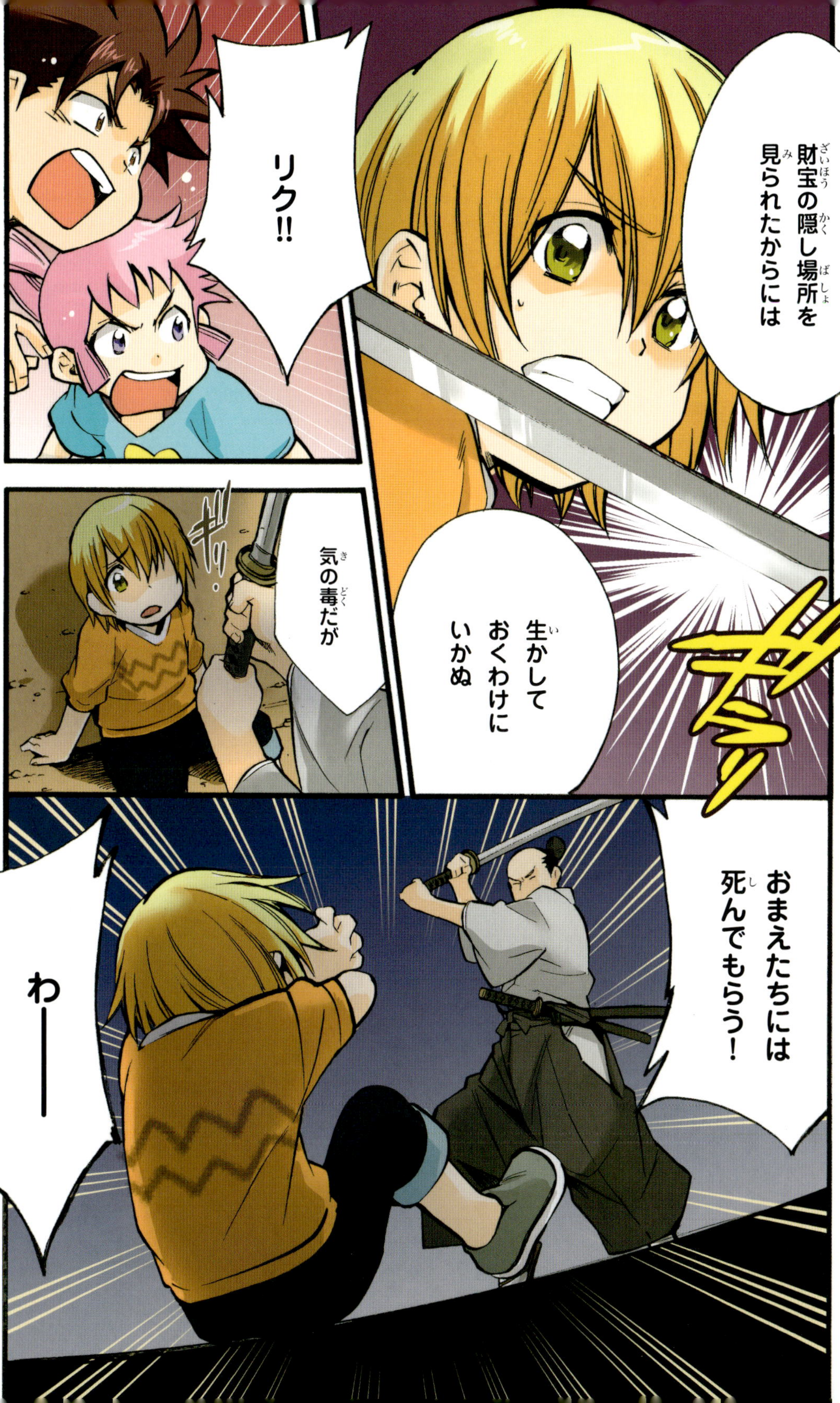
財宝《ざいほう》の隠《かく》し場所《ばしょ》を見《み》られたからには
リク!!
気《き》の毒《どく》だが
生《い》かしておくわけにいかぬ
おまえたちには死《し》んでもらう!
わーーー

城《しろ》のつくりかた

① 城《しろ》をつくるのはたいへん！

城《しろ》の設計《せっけい》から完成《かんせい》までは、長《なが》い歳月《さいげつ》と人手《ひとで》がかかります。城《しろ》のつくりかたを見《み》てみましょう。

1. 縄張《なわば》り（設計《せっけい》）

縄張《なわば》りとは設計《せっけい》のこと。城《しろ》をどこに築《きず》くのか、どこに堀《ほり》や建物《たてもの》を配置《はいち》するのかを決《き》めます。縄張《なわば》りの良《よ》し悪《あ》しで、城《しろ》の防御力《ぼうぎょりょく》が変《か》わります。

2. 普請《ふしん》(土台《どだい》をつくる)

普請《ふしん》とは、土木工事《どぼくこうじ》のこと。山《やま》を切《き》り崩《くず》したり、堀《ほり》を掘《ほ》ったりして、縄張《なわば》りどおりに土地《とち》を整地《せいち》します。

もの知《し》りコラム

石垣《いしがき》の積《つ》みかた

野面積《のづらづみ》
自然石《しぜんせき》を組《く》み合《あ》わせて積《つ》み上《あ》げる。古《ふる》い時代《じだい》の工法《こうほう》

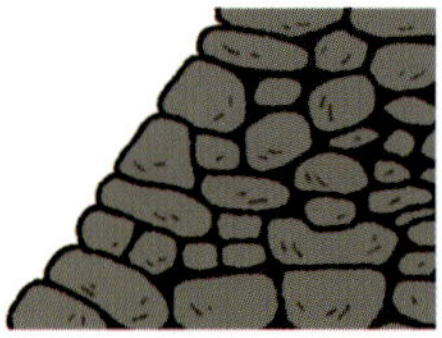

打込《うちこみ》はぎ
石《いし》の表面《ひょうめん》を平《たい》らにし、角《かど》を削《けず》って積《つ》みやすくした。1600年前後《ねんぜんご》からよく用《もち》いられた工法《こうほう》

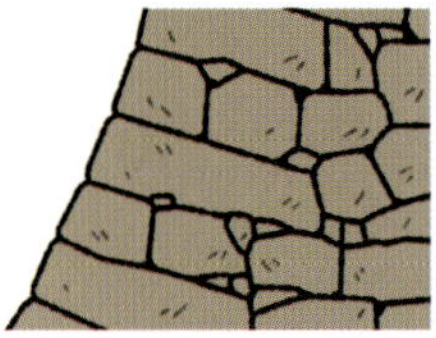

切込《きりこみ》はぎ
四角《しかく》く加工《かこう》した石《いし》を組《く》み合《あ》わせる方法《ほうほう》。江戸時《えどじ》代前期《だいぜんき》からの工法《こうほう》

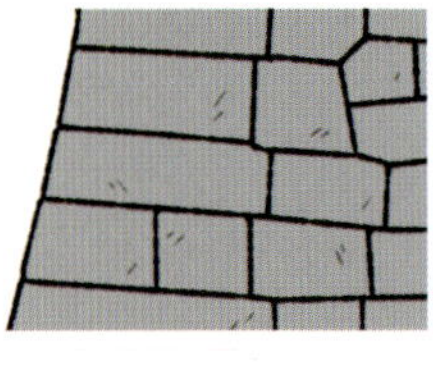

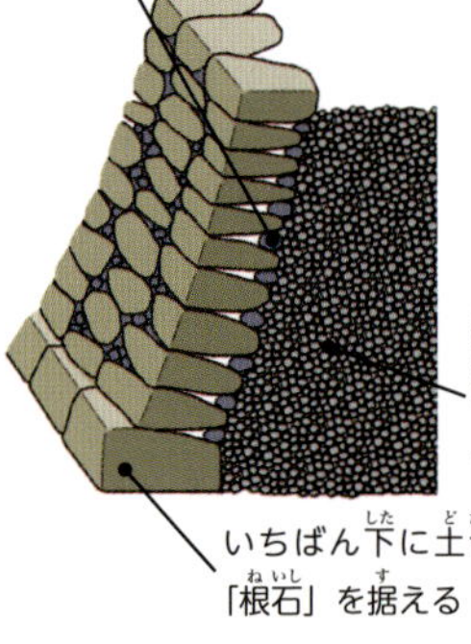
表面《ひょうめん》の石《いし》の後方《こうほう》に「飼石《かいいし》」をはさんで固定《こてい》
裏側《うらがわ》には小《ちい》さな石《いし》を詰《つ》めて固《かた》める
いちばん下《した》に土台《どだい》となる「根石《ねいし》」を据《す》える

※「打込《うちこみ》はぎ」「切込《きりこみ》はぎ」の「はぎ」は、「接《は》ぎ」と書《か》き、「接合《せつごう》（つなぎ合《あ》わせること）」の意味《いみ》を持《も》ちます。

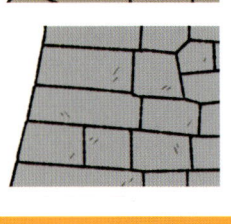

3. 普請《ふしん》（石垣《いしがき》をつくる）

土台《どだい》ができたら石垣《いしがき》を築《きず》きます。石切《いしき》り場《ば》から石《いし》を運《はこ》び、石積《いしづ》みの専門集団《せんもんしゅうだん》が、石垣《いしがき》を組《く》み上《あ》げていきます。

石《いし》の上《うえ》で、太鼓《たいこ》をたたいて音頭《おんど》を取《と》る人《ひと》たち。石《いし》をひく人《ひと》たちの息《いき》を合《あ》わせるためだったとされている
「修羅《しゅら》」と呼《よ》ばれるソリに石《いし》をのせて運《はこ》んだ
コンブを下《した》にしいて、すべりやすくすることも
小《ちい》さな石《いし》は、背負《せお》って運《はこ》んだ

展示：安土城天主信長の館（近江八幡市蔵）

4. 作事《さくじ》
(天守《てんしゅ》や御殿《ごてん》を建《た》てる)

作事《さくじ》とは、建築工事《けんちくこうじ》のこと。できあがった土台《どだい》の上《うえ》に、天守《てんしゅ》や、城主《じょうしゅ》が住《す》む御殿《ごてん》などを建《た》てます。

立派《りっぱ》なお城《しろ》ができあがったぜ！

姫路城天守内部《ひめじじょうてんしゅないぶ》（復元模型《ふくげんもけい》）
地上《ちじょう》6階《かい》、地下《ちか》1階《かい》の7階《かい》構成《こうせい》の天守《てんしゅ》

兵庫県立歴史博物館蔵

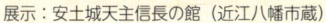

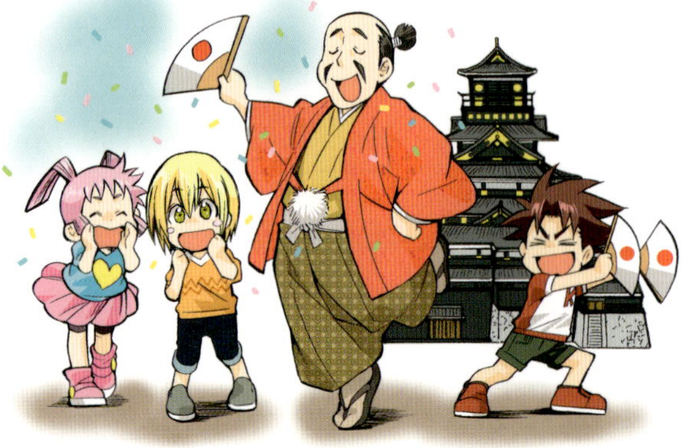

3章《しょう》
大坂城《おおさかじょう》は天下一《てんかいち》の城《しろ》！

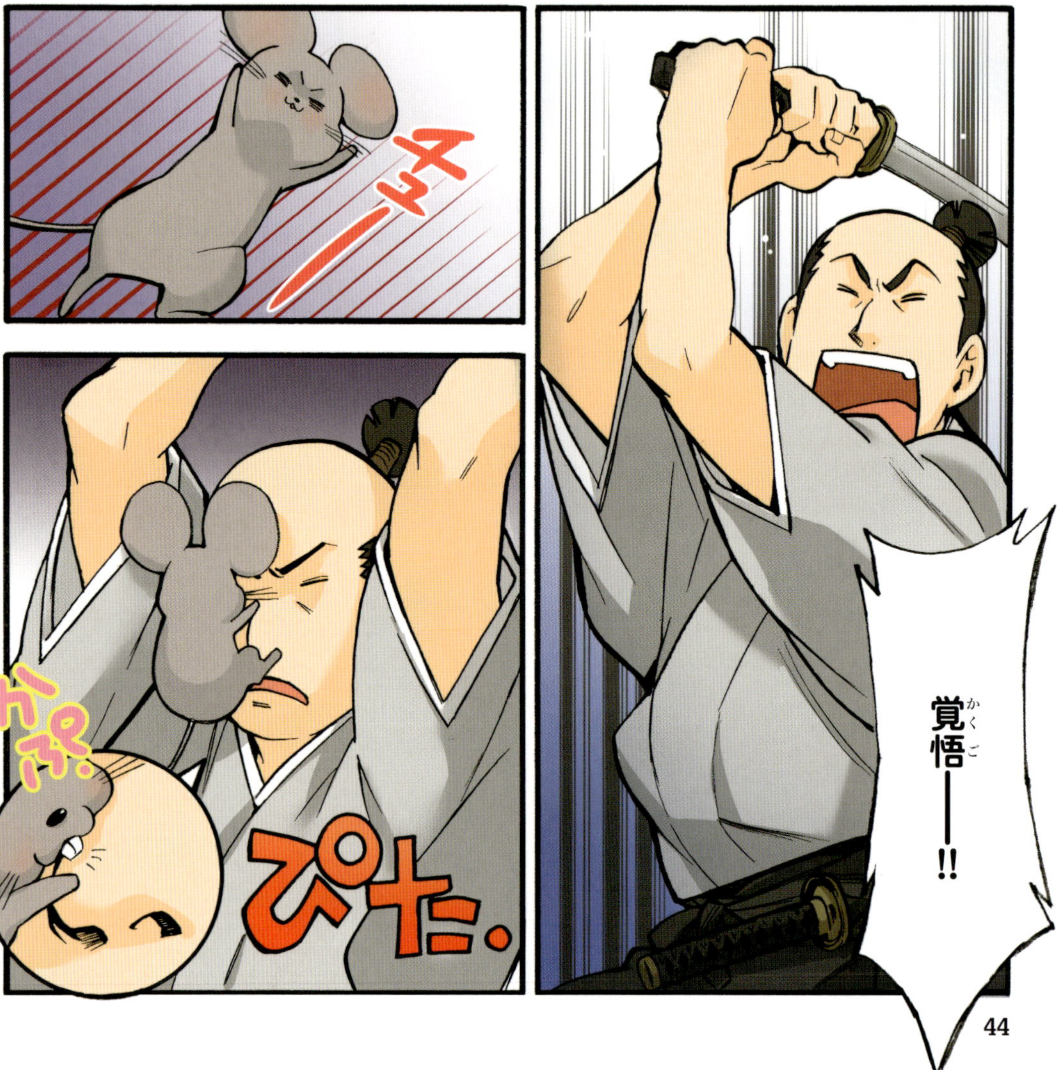

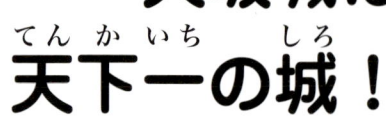

ぎゃー
誰《だれ》か
取《と》ってくれ———!!
よし
今《いま》だ!
逃《に》げるぞ!!
鶴《つる》さん……
もうすぐ
夜《よ》が明《あ》けます
ね……
鶴《つる》さんと語《かた》り
明《あ》かした今日《きょう》を
オレっちは万年《まんねん》
忘《わす》れない……
やしゃお
いたぁ
——!!
なんの
騒《さわ》ぎ
だ——

わーー
ツルッとすべったーー
しめた!! みんな川《かわ》に飛《と》び込《こ》むぞ
OK《オーケイ》!!
一気《いっき》にタイムワープだ!!

ドドーッ
うわー
な……
なんだ これは!?
あの者《もの》ども
どこへ行《い》ったのだ……

構図原案　青山邦彦

ここはどこだろう？
どこかの町《まち》の中《なか》みたいだけど……

なんかできてる!!

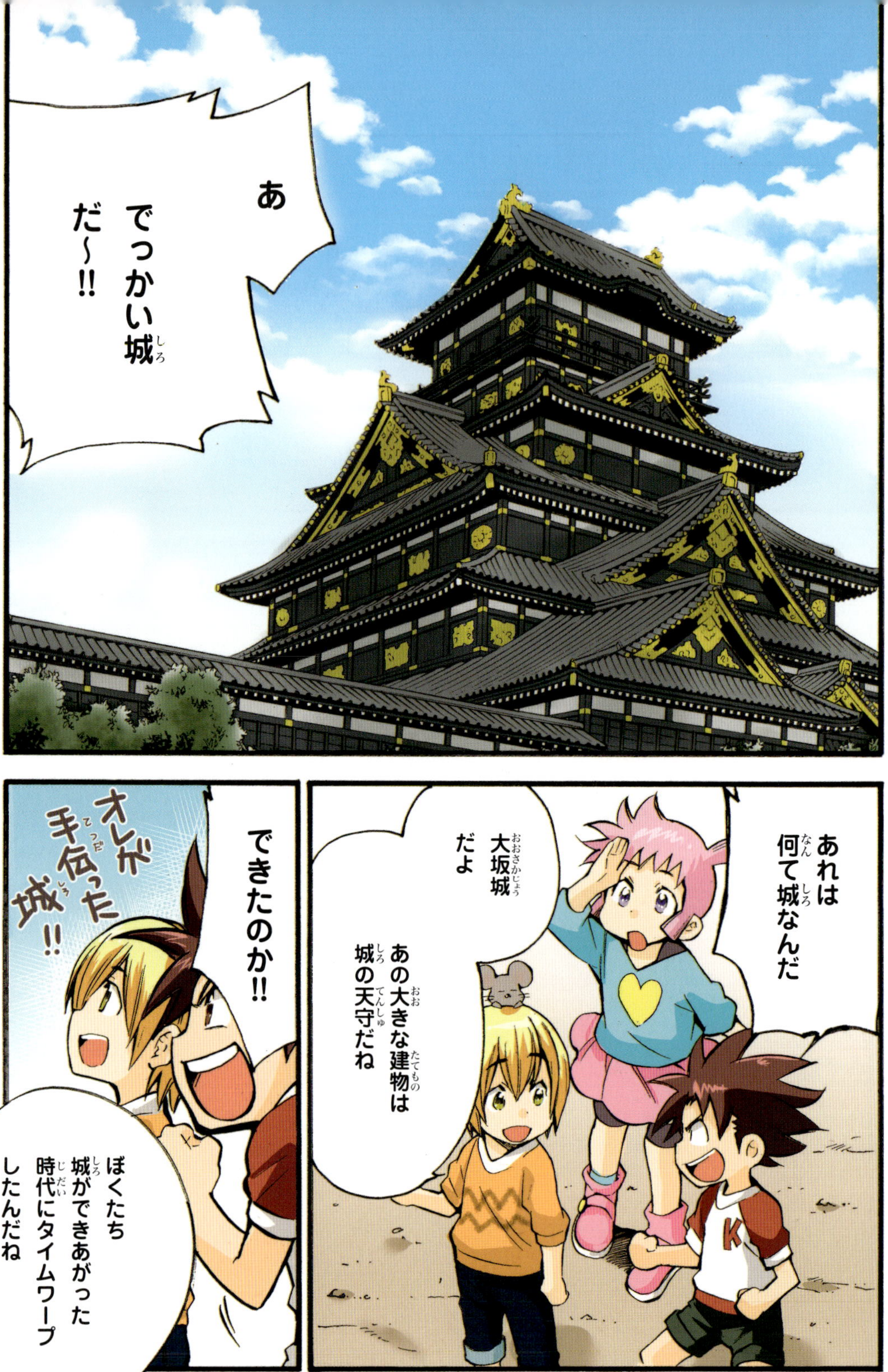
あ でっかい城《しろ》だ～!!
あれは何《なん》て城《しろ》なんだ
大坂城《おおさかじょう》だよ
あの大《おお》きな建物《たてもの》は城《しろ》の天守《てんしゅ》だね
できたのか!!
オレが手伝《てつだ》った城《しろ》!!
ぼくたち城《しろ》ができあがった時代《じだい》にタイムワープしたんだね

ねっ！
やしゃお
……
やしゃおが
いない……
またかよ！
も～
世話《せわ》の焼《や》ける
亀《かめ》だよ――
やしゃお
――
どこ――？
もうすぐ
豊臣《とよとみ》と徳川《とくがわ》の
戦《いくさ》が始《はじ》まる
勝《か》つのは
間違《まちが》いなく
徳川家康《とくがわいえやす》やろ

いやいや いくら徳川《とくがわ》といえど 天下《てんか》の大坂城《おおさかじょう》を落《お》とすことはできん 豊臣秀頼《とよとみひでより》さまの勝《か》ちや
なんか おもしろそうな話《はなし》してるな
そういえば 豊臣秀頼《とよとみひでより》さまが 背中《せなか》にへんな模様《もよう》のついた 人間《にんげん》の言葉《ことば》をしゃべる亀《かめ》を 拾《ひろ》いなさった そうだ
えっ…!?
これはまさに 豊臣秀頼《とよとみひでより》さまが 勝《か》つための 天《てん》からの使《つか》いや
あの すみません!!
どーん!
はあ?
その亀《かめ》 ぼくらの友達《ともだち》なんです
亀《かめ》は 無事《ぶじ》ですか!?
突然《とつぜん》 何《なに》を言《い》うんや

なんや
もめごとかいな
ざわ…
チッ
おーい カメ どこだー
おまえら ちょっとこい
ねーおじさん
オレたちのカメ知《し》ってんのさ?
ぼっ
余計《よけい》なことを言《い》うな
亀《かめ》のうわさはわたしがわざと町《まち》で広《ひろ》めているんだ
うぐっ
天《てん》が秀頼《ひでより》さまに味方《みかた》しているといううわさが広《ひろ》まれば
味方《みかた》の士気《しき》が上《あ》がるからな

お願《ねが》いです
亀《かめ》を返《かえ》してください
今《いま》どこにいるの?
秀頼《ひでより》さまって誰《だれ》?
はあ!?
今《いま》……秀頼《ひでより》さまのところにいる
秀頼《ひでより》さまだよ 豊臣秀頼《とよとみひでより》!
今《いま》は亡《な》き豊臣秀吉《とよとみひでよし》さまの後継《あとつ》ぎではないか
豊臣《とよとみ》秀吉《ひでよし》!!
オレ その人《ひと》に握手《あくしゅ》してもらったぞ

あぁ？
秀吉《ひでよし》さまがなくなられたのは15年以上前《ねんいじょうまえ》だが……
おまえいくつだ？
10歳《さい》
大人《おとな》をからかうんじゃないぞ 小僧《こぞう》！
ぐりぐりぐりぐり
でででで
おじさんは豊臣《とよとみ》のけらいなんですか？
ああ
わたしは豊臣方《とよとみがた》の武将《ぶしょう》
真田幸村《さなだゆきむら》だ
真田幸村《さなだゆきむら》

武将《ぶしょう》だってカッケー!!
ほめても亀《かめ》は返《かえ》せないぜ
いや返《かえ》してよ
そんなに亀《かめ》を返《かえ》してほしいのか……
ならば
ちょっとついてこい
これが秀頼《ひでより》さまがおられる大坂城《おおさかじょう》の図《ず》だ
まずはこれを見《み》てくれ

城《しろ》の中心《ちゅうしん》が「本丸《ほんまる》」だ 秀頼《ひでより》さまはここに住《す》んでおられる
天守《てんしゅ》のあるところですね
本丸《ほんまる》の外側《そとがわ》に「二《に》の丸《まる》」「三《さん》の丸《まる》」 ここはけらいの屋敷《やしき》などが立《た》ち並《なら》んでいる
北《きた》
天守《てんしゅ》
本丸《ほんまる》
二《に》の丸《まる》
三《さん》の丸《まる》
西《にし》
東《ひがし》
真田丸《さなだまる》
南《みなみ》
でっかいな──
堀《ほり》が何重《なんじゅう》にもなっていますね
これほどの城《しろ》は日本広《にほんひろ》しといえどもほかにはない
だが ただひとつ弱点《じゃくてん》がある

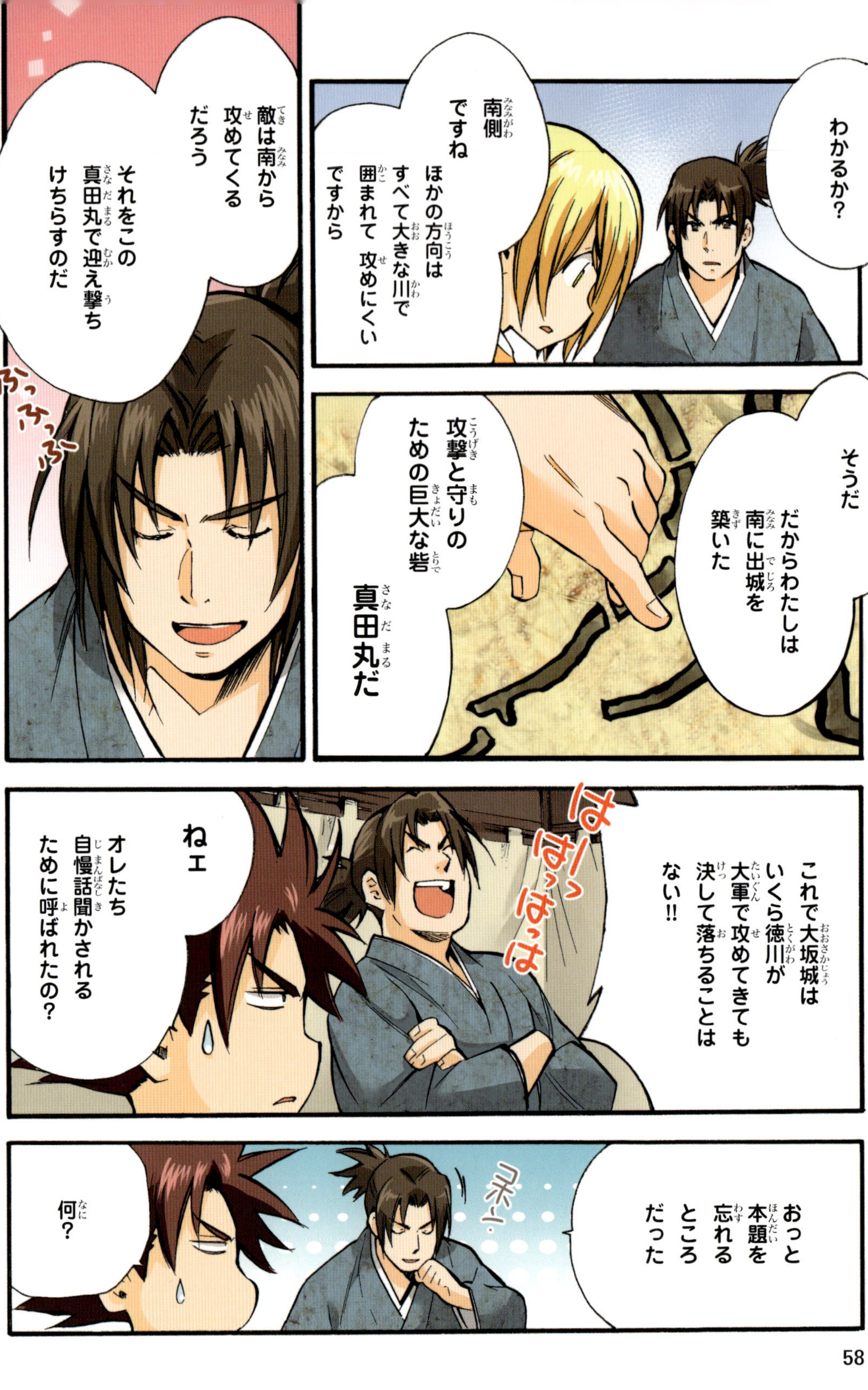
わかるか？
南側《みなみがわ》ですね
ほかの方向《ほうこう》はすべて大《おお》きな川《かわ》で囲《かこ》まれて 攻《せ》めにくいですから
敵《てき》は南《みなみ》から攻《せ》めてくるだろう
それをこの真田丸《さなだまる》で迎《むか》え撃《う》ちけちらすのだ
ふっふっふ
そうだ
だからわたしは南《みなみ》に出城《でじろ》を築《きず》いた
攻撃《こうげき》と守《まも》りのための巨大《きょだい》な砦《とりで》
真田丸《さなだまる》だ
これで大坂城《おおさかじょう》はいくら徳川《とくがわ》が大軍《たいぐん》で攻《せ》めてきても決《けっ》して落《お》ちることはない!!
はっはっは
ねェ
オレたち自慢話《じまんばなし》聞《き》かされるために呼《よ》ばれたの？
おっと本題《ほんだい》を忘《わす》れるところだった
何《なに》？

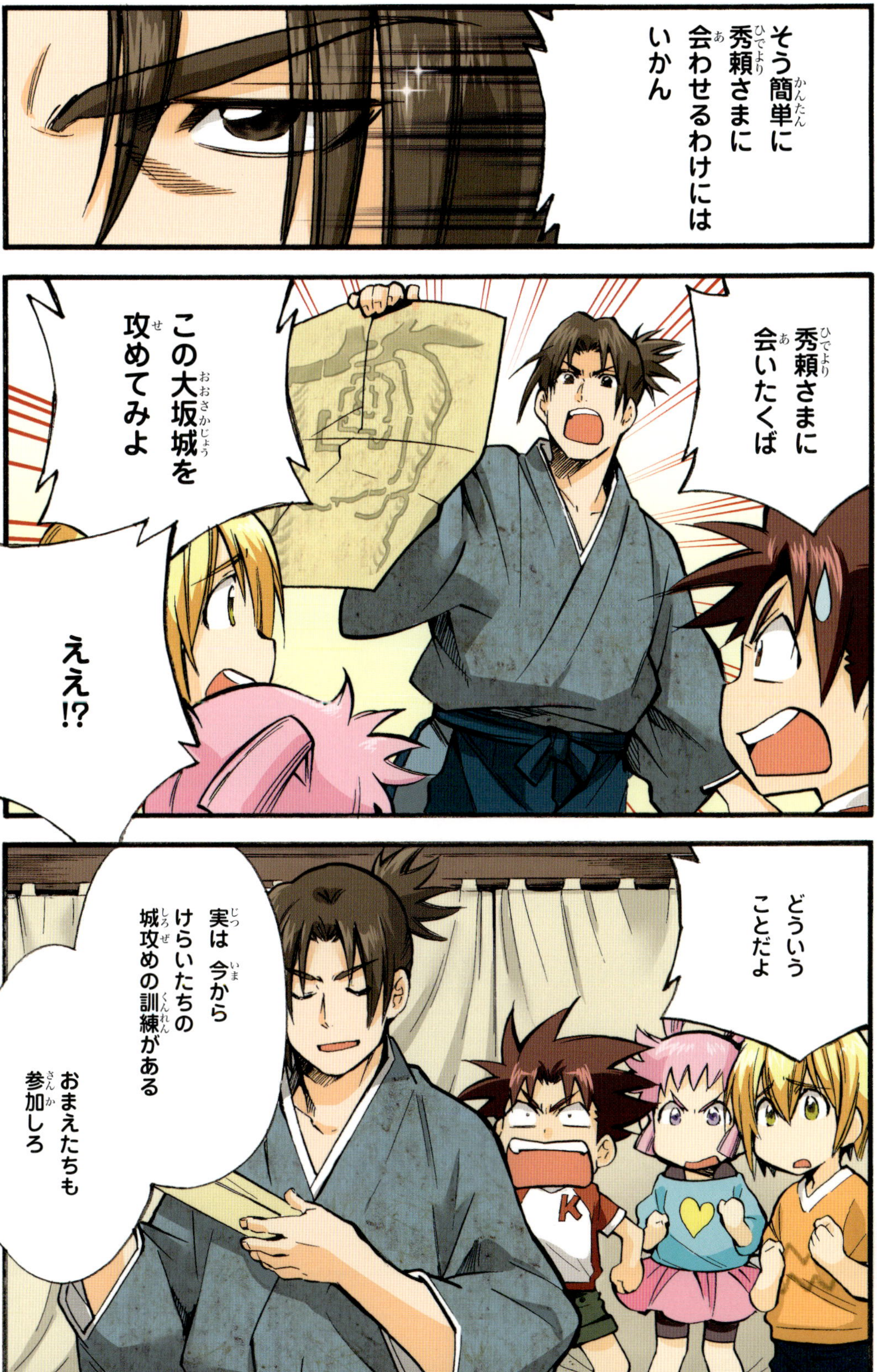
そう簡単《かんたん》に秀頼《ひでより》さまに会《あ》わせるわけにはいかん
秀頼《ひでより》さまに会《あ》いたくば
この大坂城《おおさかじょう》を攻《せ》めてみよ
ええ!?
どういうことだよ
実《じつ》は　今《いま》からけらいたちの城攻《しろぜ》めの訓練《くんれん》がある
おまえたちも参加《さんか》しろ

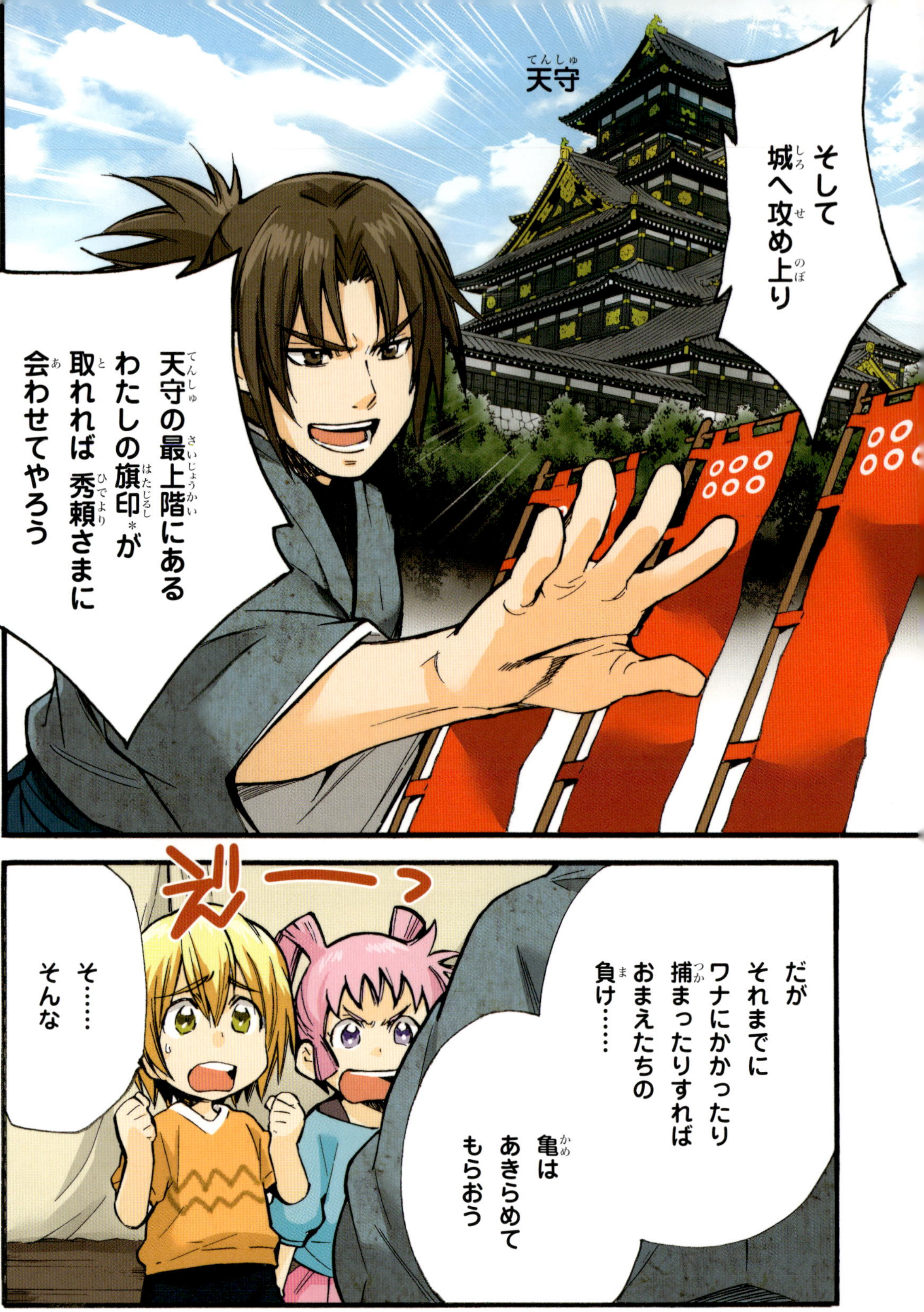
天守《てんしゅ》
そして城《しろ》へ攻《せ》め上《のぼ》り
天守《てんしゅ》の最上階《さいじょうかい》にあるわたしの旗印《はたじるし》*が取《と》れれば 秀頼《ひでより》さまに会《あ》わせてやろう
だが それまでにワナにかかったり捕《つか》まったりすればおまえたちの負《ま》け……
亀《かめ》はあきらめてもらおう
えーっ
そ……そんな

＊旗印《はたじるし》＝旗《はた》に紋《もん》や字《じ》をつけて、戦場《せんじょう》での目印《めじるし》にしたもの。

へっ
おもしれェ……
ニヤ．
その勝負《しょうぶ》
受《う》けてたつぜ!!
あーあ
そのよろいどうしたのよ……

城《しろ》にはしかけがいっぱい！ 1

① 敵《てき》を近《ちか》づけない「堀《ほり》」

城《しろ》のまわりには、何重《なんじゅう》にも堀《ほり》がめぐらされています。堀《ほり》があると、敵《てき》は簡単《かんたん》には城《しろ》に近《ちか》づくことができません。堀《ほり》は水《みず》をたたえた水堀《みずぼり》と、水《みず》のない空堀《からぼり》がありますが、山城《やまじろ》に多《おお》いのは空堀《からぼり》で、平山城《ひらやまじろ》や平城《ひらじろ》に多《おお》いのが水堀《みずぼり》です。水堀《みずぼり》は防御力《ぼうぎょりょく》が高《たか》く、重《おも》いよろいをつけた兵《へい》たちは、泳《およ》いで渡《わた》ろうにも思《おも》うように動《うご》けません。簡単《かんたん》に、城内《じょうない》から攻撃《こうげき》されてしまいます。

水堀《みずぼり》には、つるの長《なが》い植物《しょくぶつ》を植《う》えたり、木《き》の杭《くい》を埋《う》めたりして、敵兵《てきへい》の動《うご》きをはばんだ。また、水鳥《みずとり》を堀《ほり》で飼《か》って、侵入者《しんにゅうしゃ》が来《き》た時《とき》の警報装置《けいほうそうち》代《が》わりにしたという

② 「櫓《やぐら》」は防衛《ぼうえい》の拠点《きょてん》

櫓《やぐら》は、城壁《じょうへき》の上《うえ》などに建《た》てられ、ふだんは、城《しろ》の外《そと》を監視《かんし》する見張《みは》り台《だい》の役目《やくめ》や、武器《ぶき》や食料《しょくりょう》を貯蔵《ちょぞう》する倉庫《そうこ》の役目《やくめ》があります。いざ戦《いくさ》の時《とき》には、兵《へい》はここにこもって、城《しろ》の防衛《ぼうえい》の拠点《きょてん》となります。

城《しろ》に近《ちか》づこうとする敵《てき》を、ここから攻撃《こうげき》する。写真《しゃしん》は江戸時代《えどじだい》につくられた大阪城《おおさかじょう》の「千貫櫓《せんがんやぐら》」

写真：フォトライブラリー

③攻撃用《こうげきよう》の穴《あな》「狭間《さま》」

城《しろ》の塀《へい》や建物《たてもの》の壁《かべ》には、「狭間《さま》」と呼《よ》ばれる穴《あな》があいています。この穴《あな》は、城《しろ》に侵入《しんにゅう》しようとする敵《てき》に、鉄砲《てっぽう》や弓《ゆみ》を放《はな》つためのものです。丸形《まるがた》、三角形《さんかくけい》、正《せい》方形《ほうけい》の狭間《さま》は鉄砲用《てっぽうよう》の「鉄砲狭間《てっぽうざま》」、長方形《ちょうほうけい》の狭間《さま》は弓矢用《ゆみやよう》の「矢狭間《やざま》」です。

鉄砲《てっぽう》は次《つぎ》に撃《う》つまでに時間《じかん》がかかるため、弓矢用《ゆみやよう》の狭間《さま》をはさんで並《なら》べる。写真《しゃしん》は姫路城《ひめじじょう》の狭間《さま》

写真：iStock

狭間《さま》は外側《そとがわ》が狭《せま》く、内側《うちがわ》が広《ひろ》くなっている。外側《そとがわ》が狭《せま》いと、敵《てき》に攻撃《こうげき》されにくい。また、内側《うちがわ》が広《ひろ》いことで、弓矢《ゆみや》や鉄砲《てっぽう》を自由《じゆう》に動《うご》かせ、広《ひろ》い範囲《はんい》を狙《ねら》うことができる

鉄砲狭間《てっぽうざま》　矢狭間《やざま》

もの知《し》りコラム

「横矢《よこや》がかり」で敵《てき》を攻撃《こうげき》！

敵《てき》を側面《そくめん》から攻撃《こうげき》することを「横矢《よこや》をかける」といいます。いかに経験《けいけん》を積《つ》んだ敵兵《てきへい》であっても、2方向《ほうこう》以上《いじょう》から攻撃《こうげき》されると、逃《のが》れることはできません。お城《しろ》の塀《へい》が折《お》れ曲《ま》がっているのは、この横矢《よこや》をかけるためなのです。

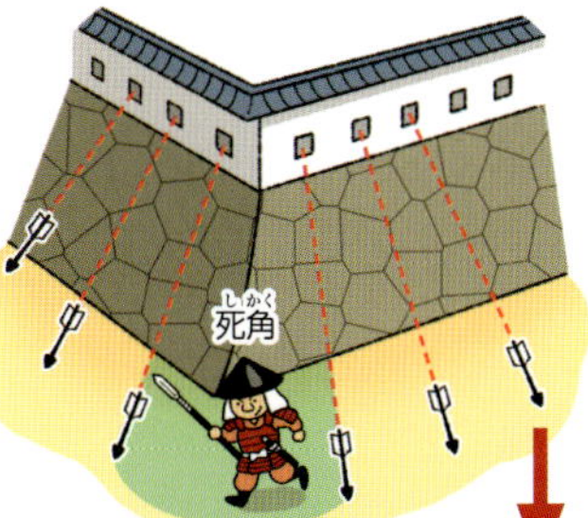

塀《へい》が直線《ちょくせん》だと、角《かど》の部分《ぶぶん》に、攻撃《こうげき》できない死角《しかく》ができてしまう

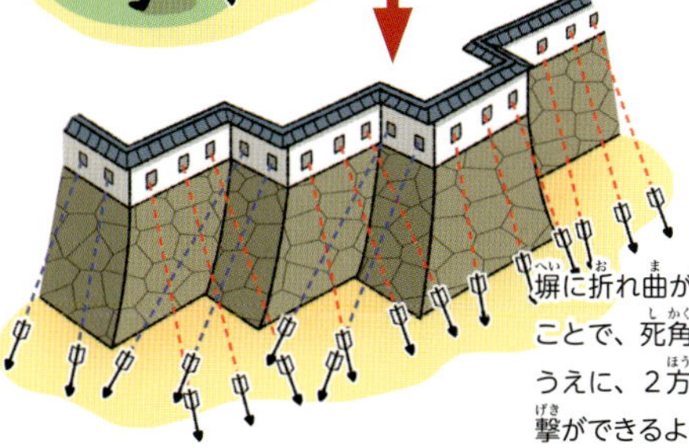

塀《へい》に折《お》れ曲《ま》がりをつけることで、死角《しかく》がなくなるうえに、2方向《ほうこう》からの攻撃《こうげき》ができるようになる

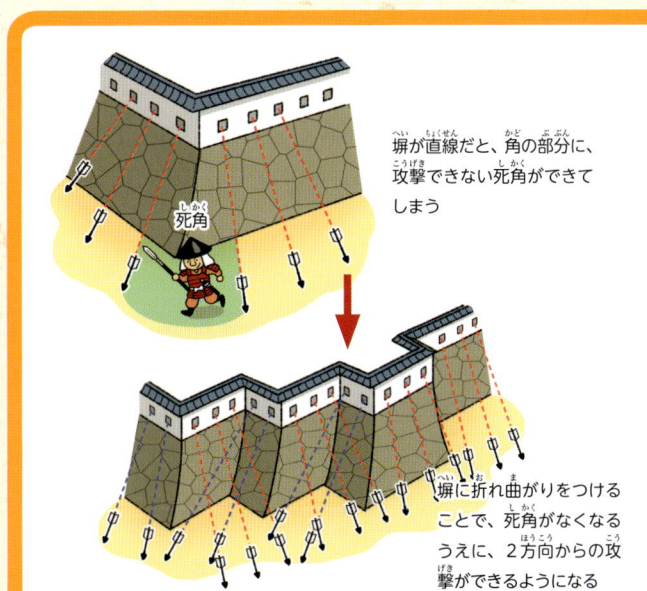

4章《しょう》

大坂城《おおさかじょう》に攻《せ》め上《のぼ》れ！

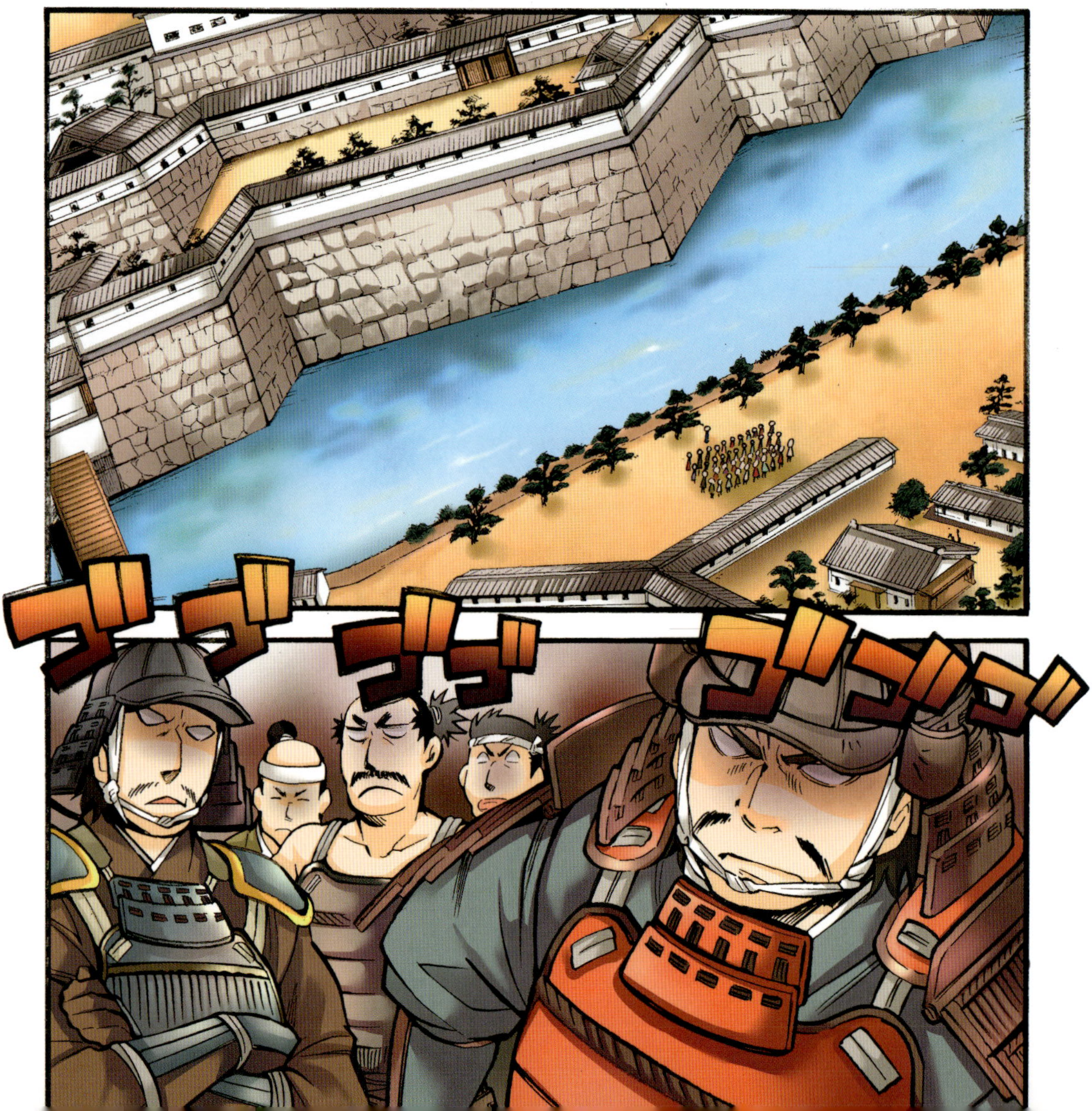

いろんな人《ひと》がいるな
幸村《ゆきむら》さんのけらいって個性的《こせいてき》……
それでは今《いま》から戦《いくさ》の訓練《くんれん》をおこなう
まずはこの堀《ほり》を越《こ》えて本丸《ほんまる》に入《はい》る
天守《てんしゅ》にある旗印《はたじるし》を取《と》るまでが今回《こんかい》の訓練《くんれん》だ
まあおまえたちはすぐ脱落《だつらく》するだろうがな
ははは一ははは
見《み》てろよ～～

ワシらは戦《いくさ》でひと旗《はた》あげるんや
幸村《ゆきむら》さまのけらいとしてもうひと花《はな》咲《さ》かせるんじゃ
ではみなの者《もの》 行《い》くぞ
いざ
すごい気合《きあい》ね
怖《こわ》いよ〜
出陣《しゅつじん》!!
ドドッ

わあ〜！
よろいが重《おも》すぎて泳《およ》げない〜
水草《みずくさ》が……
水草《みずくさ》が足《あし》にからみついた〜
ブクブク
ガッ
よし一番《いちばん》乗《の》り!!
おりゃああ〜
シャカ
シャカシャカ
シャカ
わー
ドボーン

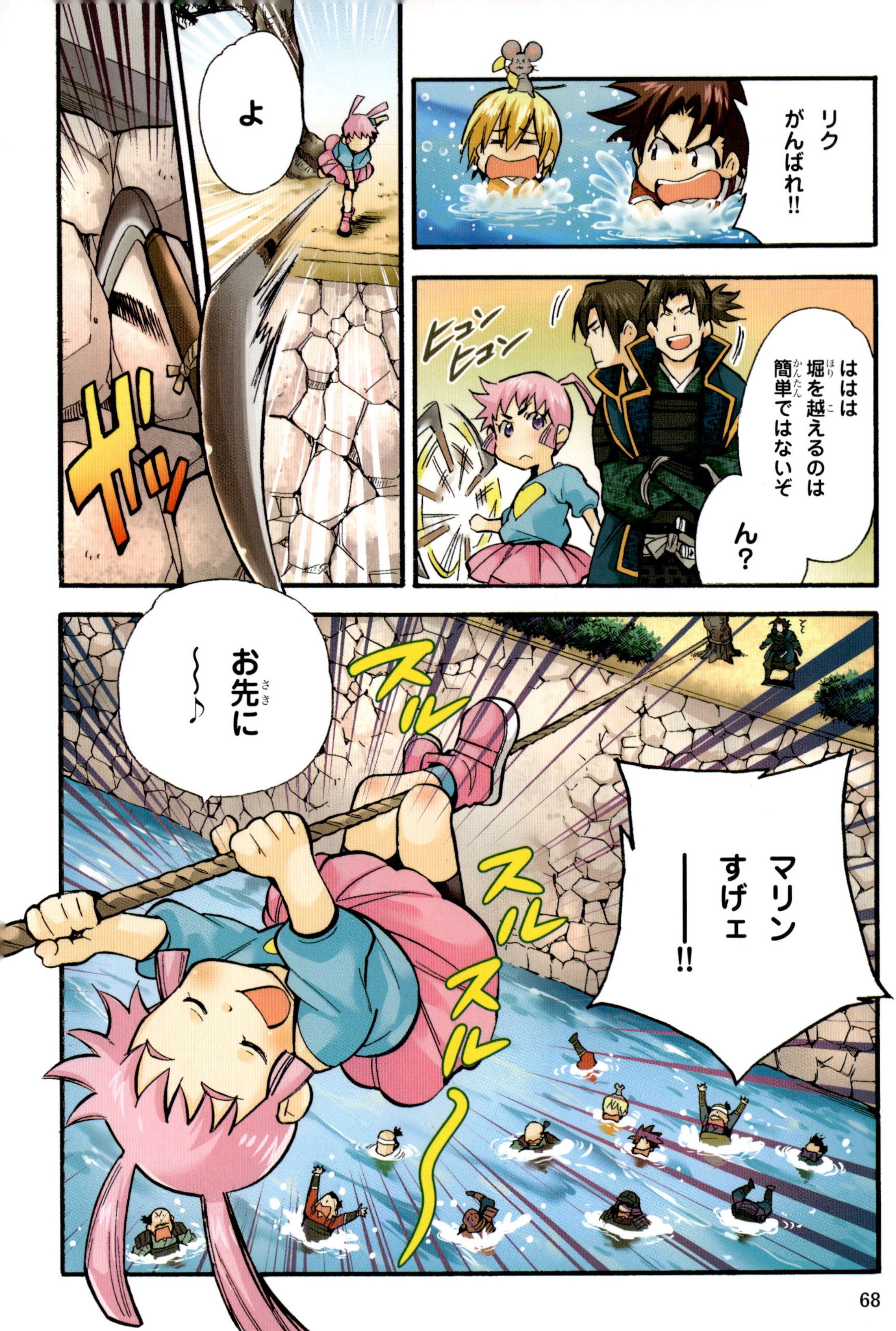
リク
がんばれ!!
よ
ザッ
ヒュン
ヒュン
ははは
堀《ほり》を越《こ》えるのは
簡単《かんたん》ではないぞ
ん?
マリン
すげェ
――!!
お先《さき》に
～～♪
スル
スル
スル～

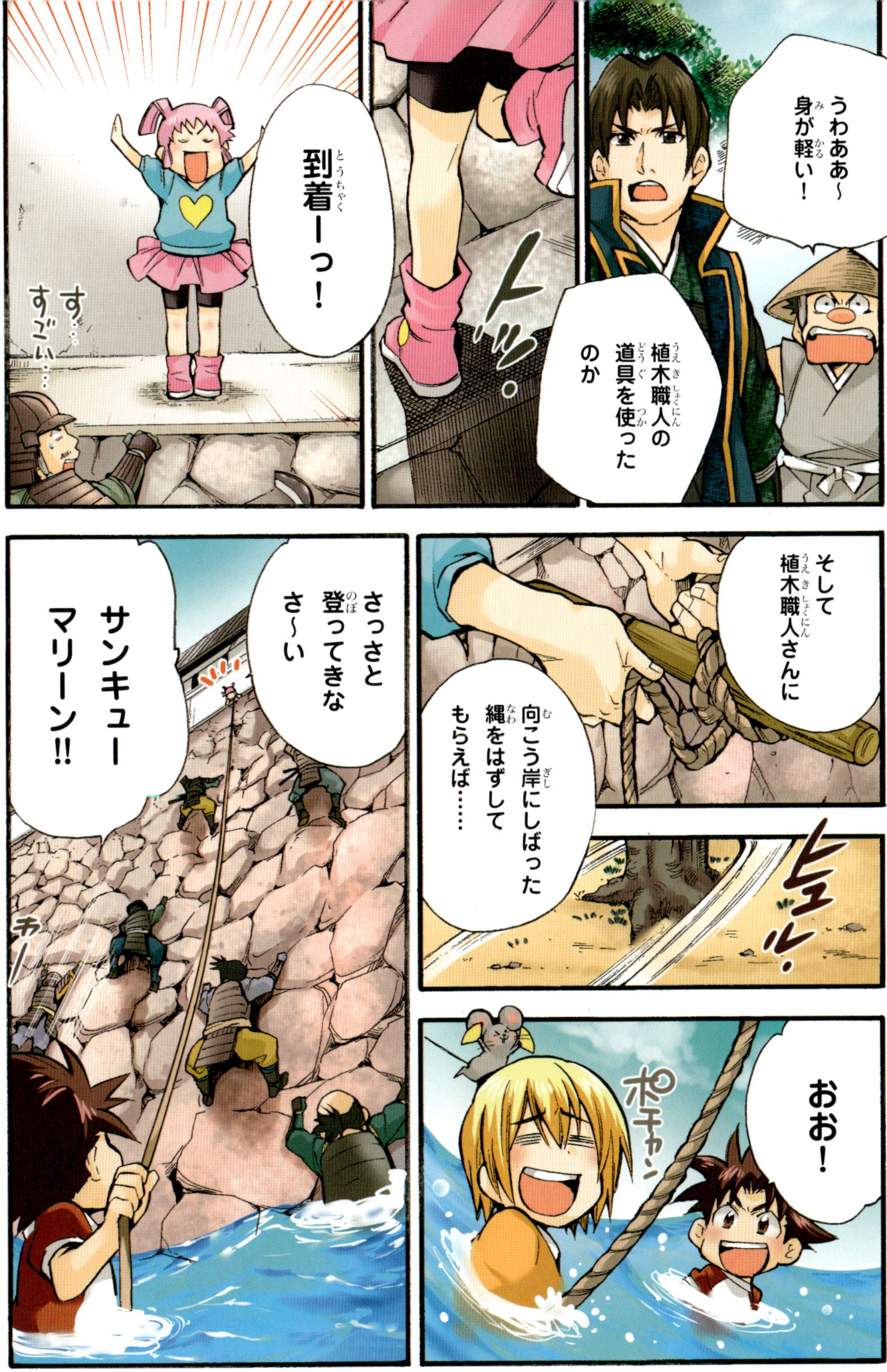
うわああ～
身《み》が軽《かる》い！
植木職人《うえきしょくにん》の道具《どうぐ》を使《つか》ったのか
到着《とうちゃく》ーっ！
す…
すごい…
そして植木職人《うえきしょくにん》さんに
向《む》こう岸《ぎし》にしばった縄《なわ》をはずしてもらえば……
ヒュル！
おお！
ポチャン
さっさと登《のぼ》ってきなさ～い
サンキューマリーン!!

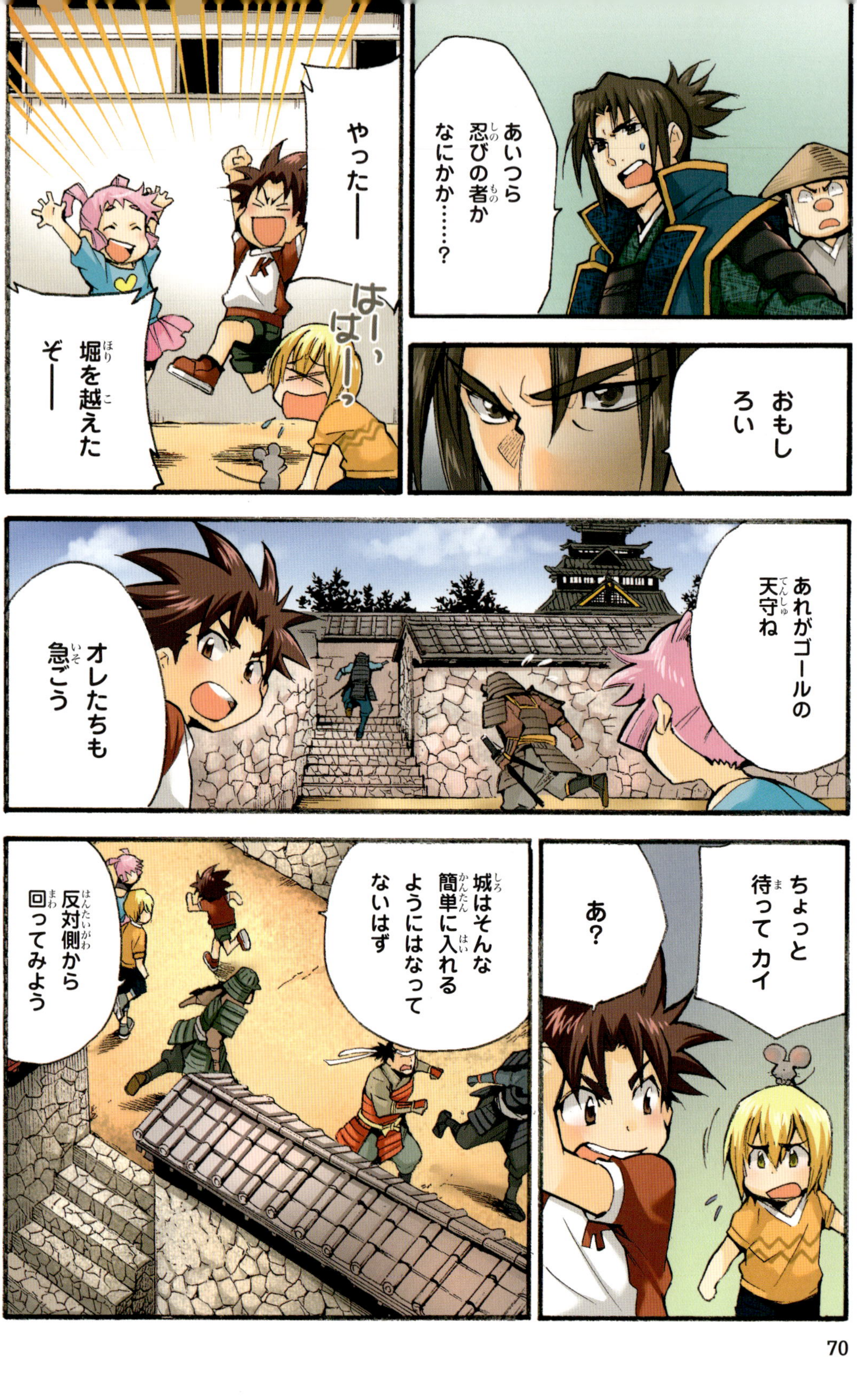

やったーー
はー、はーっ
堀《ほり》を越《こ》えたぞーー
あいつら忍《しの》びの者《もの》かなにかか……？
おもしろい
あれがゴールの天守《てんしゅ》ね
オレたちも急《いそ》ごう
ちょっと待《ま》ってカイ
あ？
城《しろ》はそんな簡単《かんたん》に入《はい》れるようにはなってないはず
反対側《はんたいがわ》から回《まわ》ってみよう

わー
ワナだ
──
ドタン!!
ドッ
バタッ
ぎょっ
あっちに
待ち伏《まぶ》せしてた
兵《へい》がいたみたい
だね
さっすが
リク!!
あぶな～
とはいえ
こっちだって
なにかあるはず
……
ん?

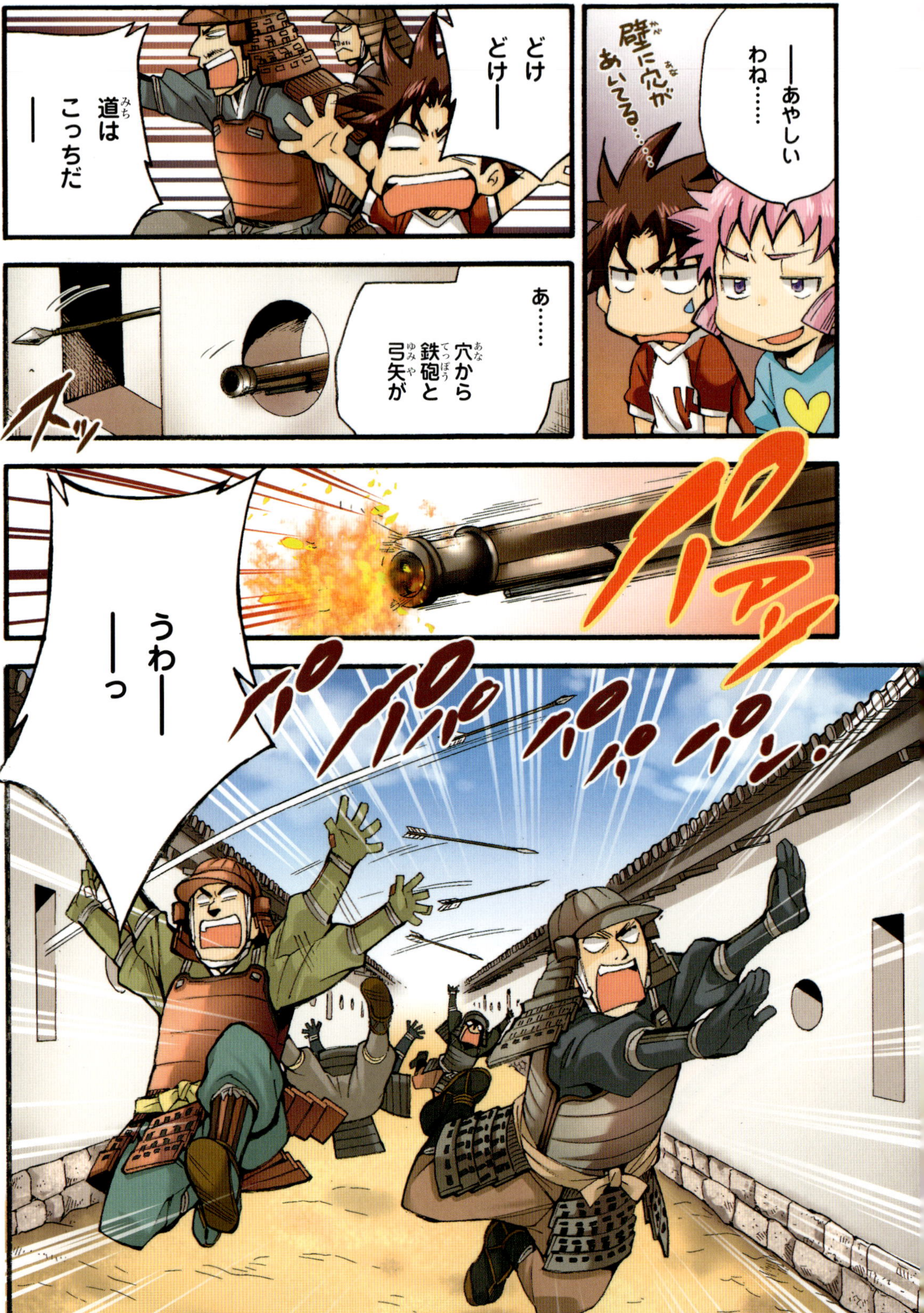
――あやしいわね……
壁《かべ》に穴《あな》があいてる……
どけどけ――
道《みち》はこっちだ――
あ……穴《あな》から鉄砲《てっぽう》と弓矢《ゆみや》が
ストッ
パァッ
うわ――っ
パパパパパン

カランカラン
ズ…
訓練《くんれん》で本物《ほんもの》の鉄砲《てっぽう》と弓《ゆみ》とは……
鬼《おに》じゃ
幸村《ゆきむら》さまは鬼《おに》じゃ
行《い》こう!!
えっ
抜《ぬ》けた……!!
うそだろ――!?

なんでやられなかったんだ?
鉄砲《てっぽう》も弓《ゆみ》も一度《いちど》放《はな》つと次《つぎ》の準備《じゅんび》に時間《じかん》がかかるんだよ
行《い》けるのか
よし続《つづ》くぞ
わーーー
パパパパパパァン
危《あぶ》なかった!!
何人《なんにん》かここを突破《とっぱ》したようだ
追《お》え!!
は
待《ま》てぇーー
うわっ

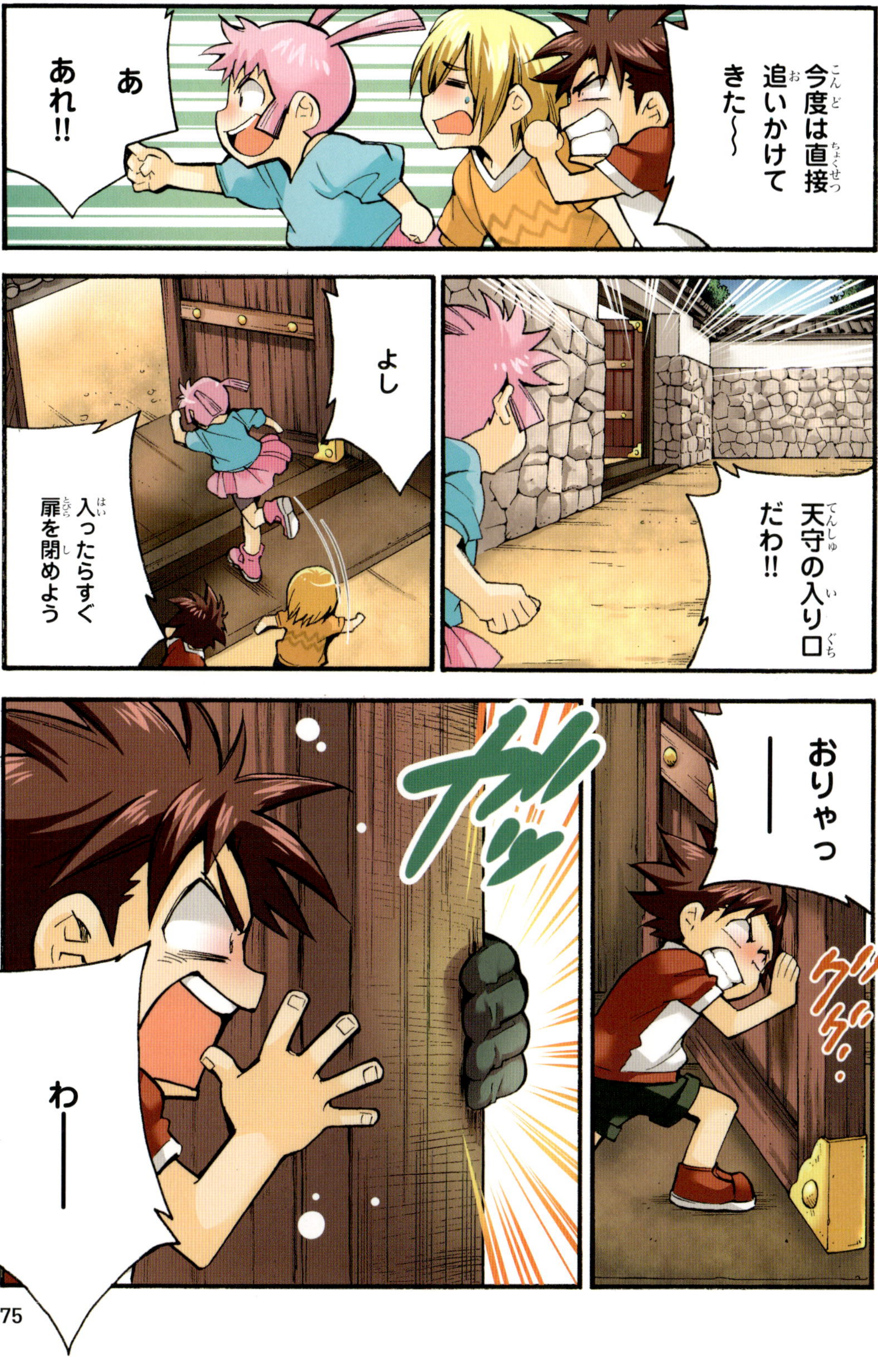
今度《こんど》は直接《ちょくせつ》
追《お》いかけて
きた～～
あ
あれ!!
天守《てんしゅ》の入《い》り口《ぐち》
だわ!!
よし
入《はい》ったらすぐ
扉《とびら》を閉《し》めよう
おりゃっ
ー
ガッ
グググ…
わーー

ぎりぎり
くそっ
追《お》いついたぞ〜〜
チュー
ガブリ
ぎゃー かまれた ——
よし 今《いま》だ!!
それ!
ガゴン
やったーー!!
へな〜
天守《てんしゅ》に入《はい》れたぞーー

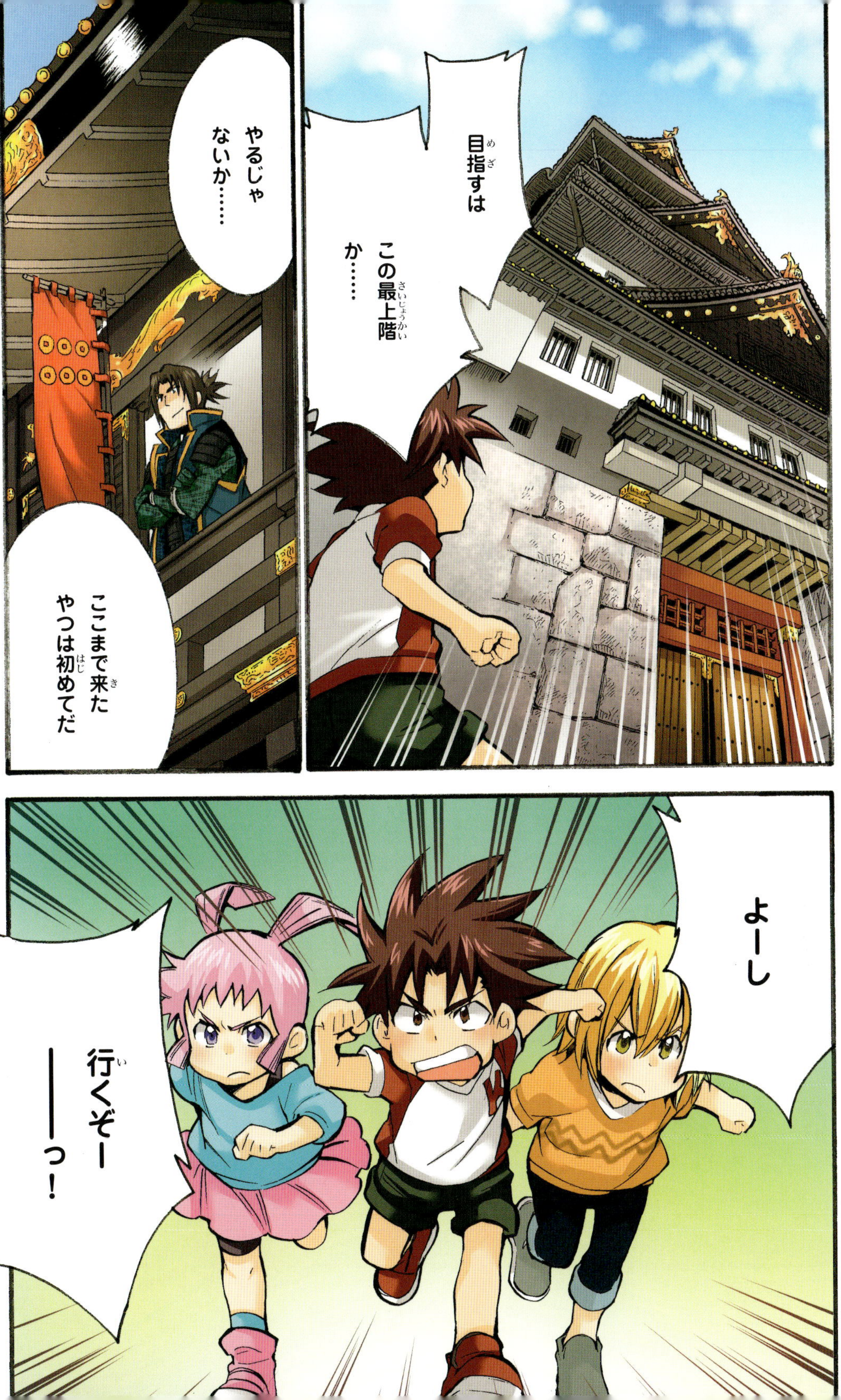

目《め》指《ざ》すは
この最上階《さいじょうかい》か……
やるじゃないか……
ここまで来《き》たやつは初《はじ》めてだ
よーし
行《い》くぞー——っ!

城《しろ》にはしかけがいっぱい！ 2

① 敵《てき》を通《とお》さない「門《もん》」

城主《じょうしゅ》の住《す》む御殿《ごてん》や天守《てんしゅ》のある場所《ばしょ》を、「本丸《ほんまる》」といいます。本丸《ほんまる》は、城《しろ》の中心《ちゅうしん》であり、自軍《じぐん》の本拠地《ほんきょち》です。ここを落《お》とされると、戦《いくさ》はほぼ敗北《はいぼく》です。

城《しろ》の中《なか》には、敵《てき》が簡単《かんたん》に本丸《ほんまる》まで来《こ》られないよう、いくつも門《もん》がつくられています。守《まも》りの要所《ようしょ》には、櫓《やぐら》と一体《いったい》になった門《もん》が配置《はいち》され、城内《じょうない》に入《はい》ってきた敵《てき》を、門《もん》の内部《ないぶ》から攻撃《こうげき》します。

門《もん》の配置《はいち》は四角形《しかくけい》が最強《さいきょう》！
門《もん》を入《はい》ったところに、四角《しかく》い広場《ひろば》をつくっておくと、敵《てき》を三方《さんぽう》から集中攻撃《しゅうちゅうこうげき》できる

もの知《し》りコラム

天守《てんしゅ》にこもって最終決戦《さいしゅうけっせん》！

城《しろ》に攻《せ》め込《こ》まれた時《とき》の最後《さいご》の砦《とりで》となるのが、天守《てんしゅ》です。狭間《さま》や石落《いしお》としはもちろん、兵《へい》が潜《ひそ》むことのできる隠《かく》し部屋《べや》が設《もう》けられた天守《てんしゅ》もあります。

忍《しの》び返《がえ》し
とがった刃《は》が張《は》り出《だ》していて、敵《てき》をはばむ

石落《いしお》とし
石垣《いしがき》を登《のぼ》ってくる敵《てき》に石《いし》を落《お》としたり、鉄砲《てっぽう》を撃《う》ったりする

高知城天守《こうちじょうてんしゅ》
忍《しの》び返《がえ》しが現存《げんそん》する天守《てんしゅ》は、ここだけだ

彦根城《ひこねじょう》の隠《かく》し部屋《べや》
「武者隠《むしゃかく》し」とも呼《よ》ばれる

写真：ともにフォトライブラリー

②迷路《めいろ》のような道《みち》

城《しろ》の中《なか》の通路《つうろ》は、多《おお》くは迷路《めいろ》のようになっていて、簡単《かんたん》には本《ほん》丸《まる》にたどりつくことはできません。

下《した》の姫路城《ひめじじょう》の地図《ちず》を見《み》て、「菱《ひし》の門《もん》」から、本丸《ほんまる》の天守《てんしゅ》までの道《みち》をたどってみましょう。

敵《てき》をあざむく下《くだ》り坂《ざか》
実《じっ》はこの下《くだ》り坂《ざか》の先《さき》に天守《てんしゅ》がある。天守《てんしゅ》は高《たか》い位置《いち》にあるという思《おも》い込《こ》みを利用《りよう》し、敵《てき》に「道《みち》を間違《まちが》えた」と思《おも》わせるように設計《せっけい》されている

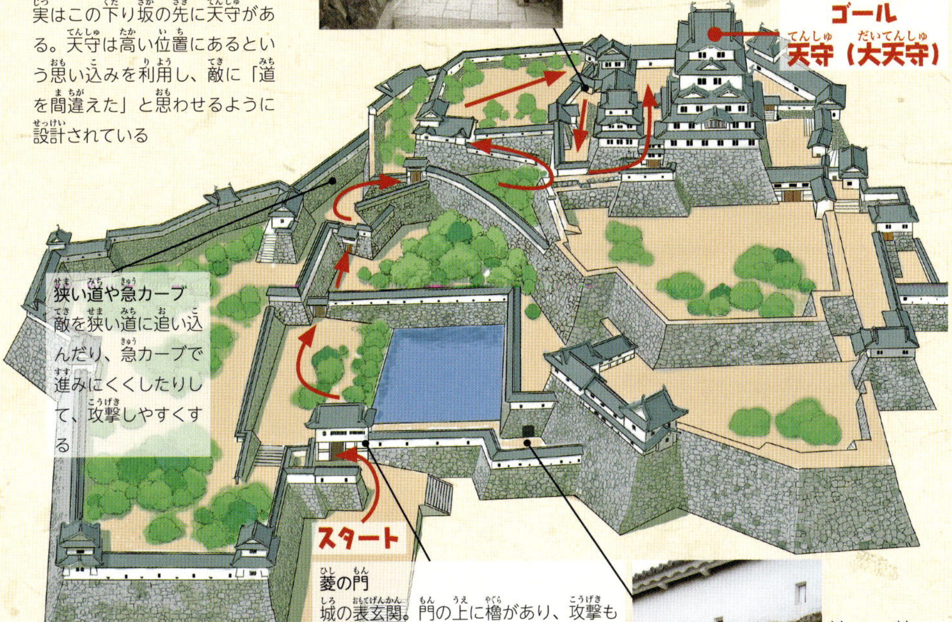

狭《せま》い道《みち》や急《きゅう》カーブ
敵《てき》を狭《せま》い道《みち》に追《お》い込《こ》んだり、急《きゅう》カーブで進《すす》みにくくしたりして、攻撃《こうげき》しやすくする

菱《ひし》の門《もん》
城《しろ》の表玄関《おもてげんかん》。門《もん》の上《うえ》に櫓《やぐら》があり、攻撃《こうげき》もできるようになっている

隠《かく》された門《もん》
石垣《いしがき》の間《あいだ》にひっそりつくられた門《もん》。天守《てんしゅ》への近《ちか》道《みち》になっている。菱《ひし》の門《もん》からは完《かん》全《ぜん》に死角《しかく》になっており、石垣《いしがき》にしか見《み》えない

矢印《やじるし》に沿《そ》っていけば、天守《てんしゅ》にたどりつくことができる。城《しろ》を攻《せ》める気分《きぶん》でルートをたどってみよう！
※スタートの「菱《ひし》の門《もん》」は、姫路城《ひめじじょう》の二《に》の丸《まる》（本丸《ほんまる》の外側《そとがわ》を囲《かこ》むエリア）の入《い》り口《ぐち》です。

イラスト：板垣誠　写真：姫路城

5章《しょう》 ゴールは天守《てんしゅ》の最上階《さいじょうかい》！

そろ〜〜…
誰《だれ》もいない……
天守《てんしゅ》ってお殿《との》さまが住《す》んでいるんじゃないの？

けっこう
急《きゅう》な階段《かいだん》ね
きっと敵《てき》が侵入《しんにゅう》しにくくしてるんだよ
リク
だいじょうぶか？
はあ…
はあ…
な……
なんとか
おかしいな
本当《ほんとう》に
誰《だれ》も
いないのか？
はぁ
はぁ
はぁ

ひょこ
ここが天守《てんしゅ》の最上階《さいじょうかい》
やっぱり誰《だれ》もいないなあ
リクはだいじょうぶ?
疲《つか》れて動《うご》けないみたいだ
しかたない ここで休《やす》んでいてくれ
マリン 旗《はた》を頼《たの》む!
OK《オーケイ》!

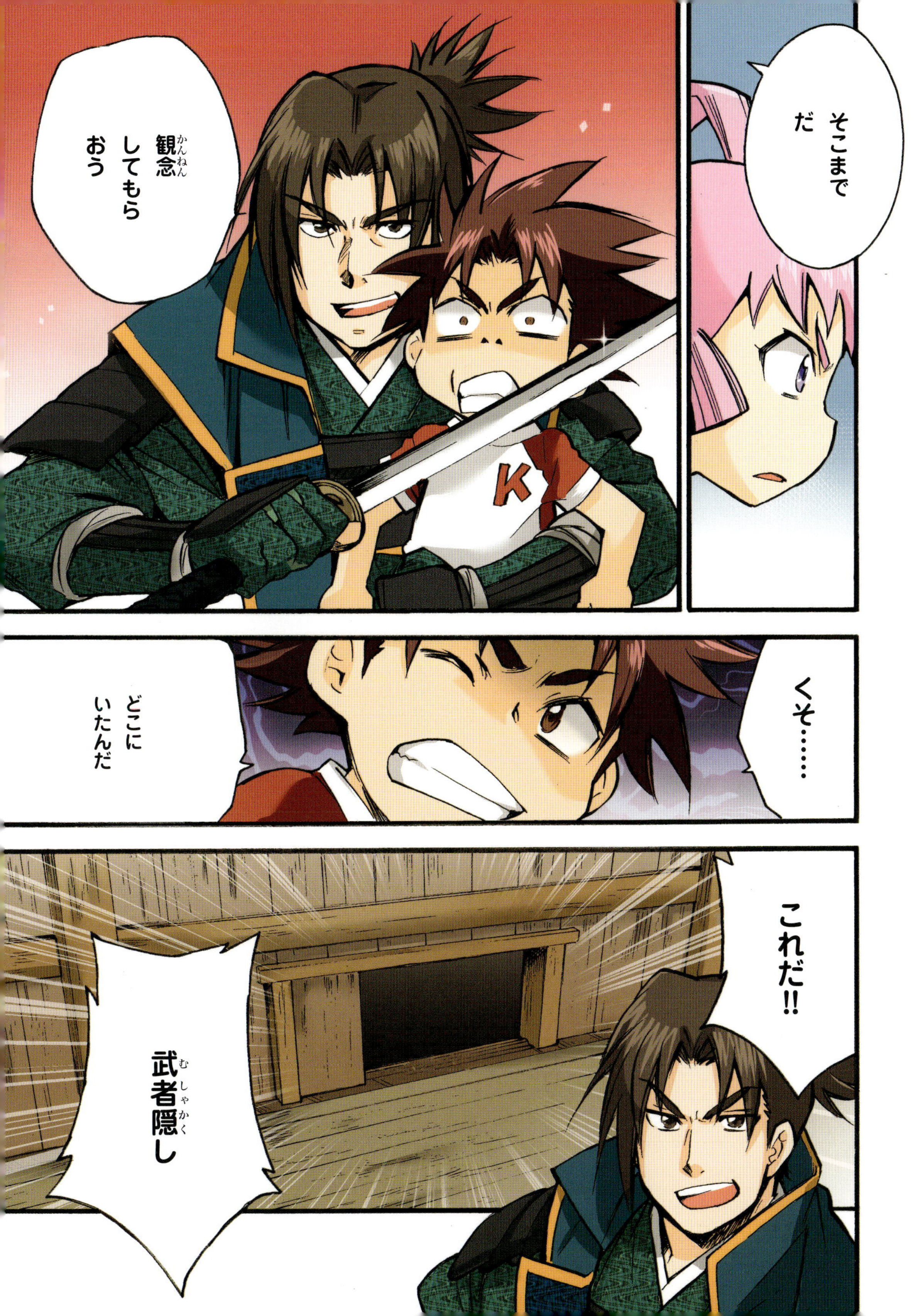
そこまでだ
観念《かんねん》してもらおう
くそ……
どこにいたんだ
これだ!!
武《む》者《しゃ》隠《かく》し

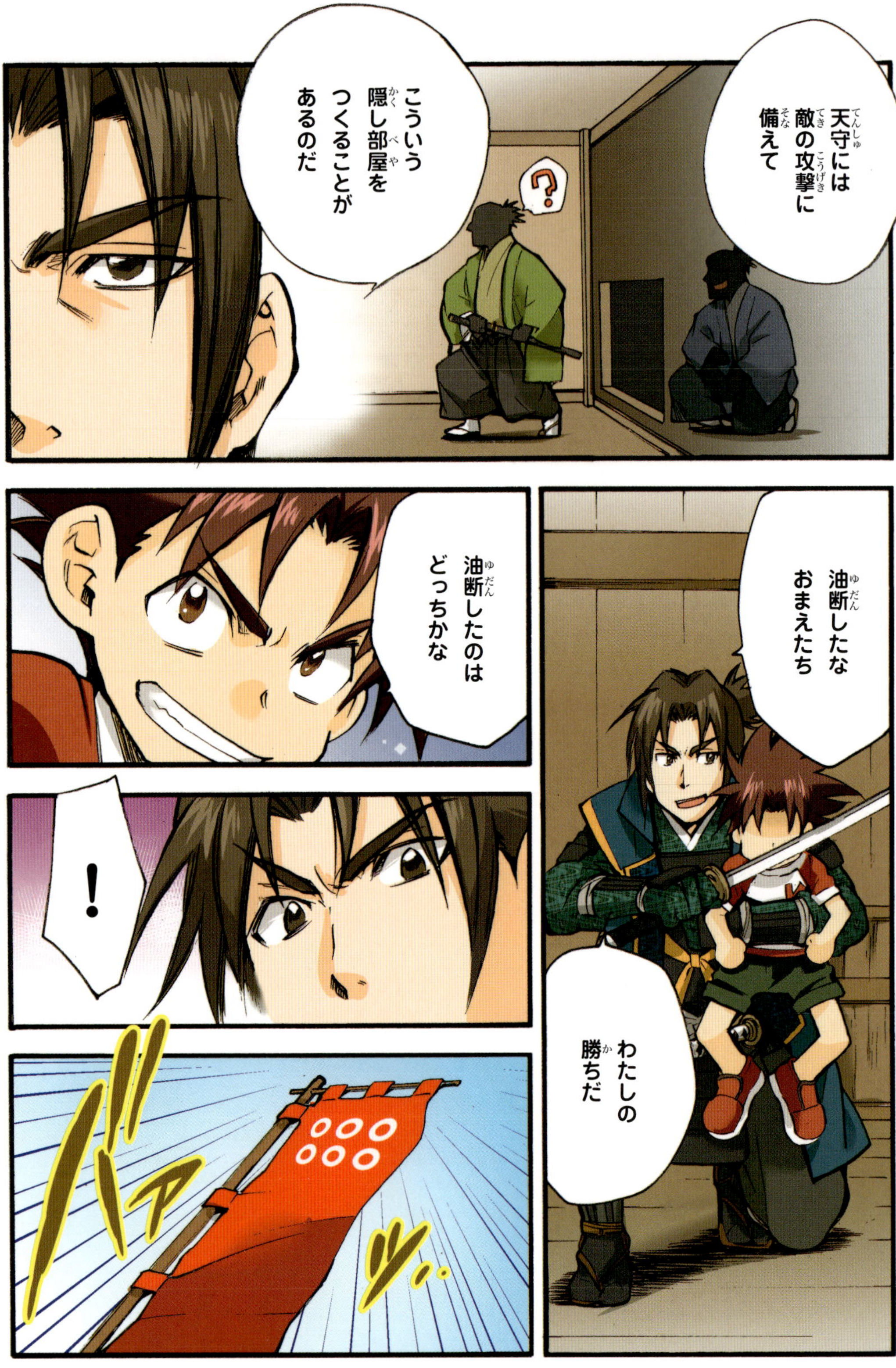
天守《てんしゅ》には敵《てき》の攻撃《こうげき》に備《そな》えて
こういう隠《かく》し部屋《べや》をつくることがあるのだ
?
油断《ゆだん》したなおまえたち
わたしの勝《か》ちだ
油断《ゆだん》したのはどっちかな
!
バァッ

見《み》ろ!オレたちの勝《か》ちだ!!
なにっ!?
じゃあ
これは……
人形《にんぎょう》だよ～ん

おまえたちまさか……わたしが隠《かく》れていることを知《し》っていたのか?
チュー太郎《たろう》が教《おし》えてくれたんです
ネズミが?
あまりにも人《ひと》がいないので気《き》になって先《さき》にチュー太郎《たろう》に偵察《ていさつ》してもらったんです
それで幸村《ゆきむら》さんが最上階《さいじょうかい》にいるとわかって下《した》の階《かい》にあったズダ袋《ぶくろ》で人形《にんぎょう》をつくったんです
……わたしの負《ま》けだ
やった～

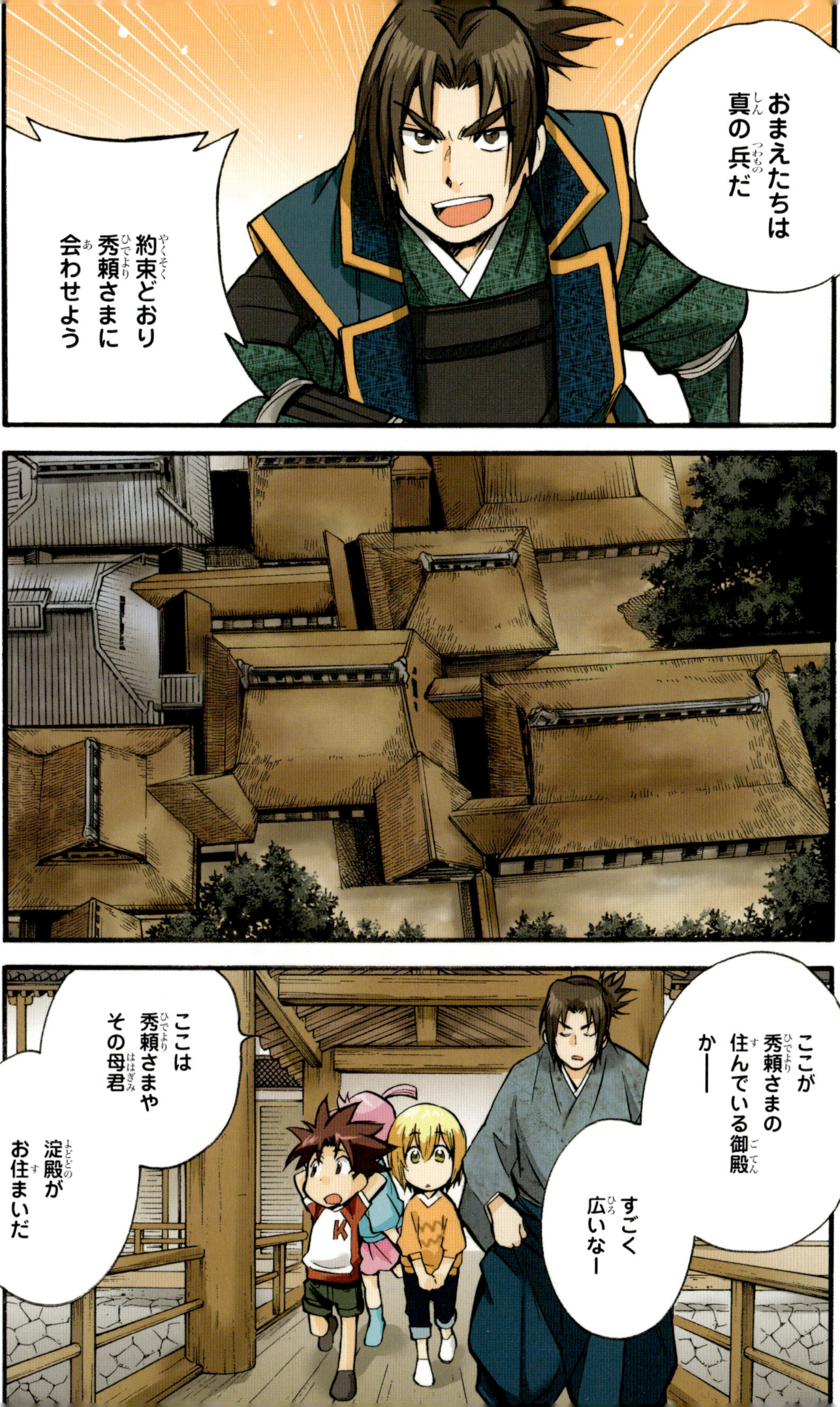
おまえたちは真《しん》の兵《つわもの》だ
約束《やくそく》どおり秀頼《ひでより》さまに会《あ》わせよう
ここが秀頼《ひでより》さまの住《す》んでいる御殿《ごてん》か――
すごく広《ひろ》いなー
ここは秀頼《ひでより》さまやその母君《ははぎみ》
淀殿《よどどの》がお住《す》まいだ

お殿《との》さまって天守《てんしゅ》に住《す》んでいるんじゃないのね
はっはっは今《いま》や天守《てんしゅ》はただの物置《ものおき》
天守《てんしゅ》に住《す》んでいたのは織田信長《おだのぶなが》さまぐらいだろう
へーそうなんだー
あの亀《かめ》は豊臣《とよとみ》を守《まも》るために神《かみ》が遣《つか》わされたと思《おも》ったんだけどうーん……
豊臣秀頼《とよとみひでより》

キミたちのものだと言《い》うなら返《かえ》してあげないと……
あの亀《かめ》は豊臣《とよとみ》の守《まも》り神《がみ》
こんな変《へん》てこな子《こ》どもたちの言《い》うことは信用《しんよう》できません！
豊臣秀頼《とよとみひでより》の母《はは》 淀殿《よどどの》
だーめだめだめ何《なに》を言《い》っているのです秀頼《ひでより》!!
は……母上《ははうえ》
だめったらぜーったいだめです！
ひぃ～
ごごめんねーキミたちちょっとムリみたい……
亀《かめ》は元気《げんき》に暮《く》らしているから安心《あんしん》してね
ははー
えーーっ!?

なんだよ
やしゃおを返《かえ》してくれるって約束《やくそく》したのに——!!
わたしが約束《やくそく》したのは 秀頼《ひでより》さまに会《あ》わせてやるってところまでだ
やしゃおはこの城《しろ》のどこかにいるはずだよ
絶対《ぜったい》に見《み》つけて取《と》り戻《もど》さないと……
ところで……
くるり
おまえたちを真《しん》の兵《つわもの》と見込《みこ》んで 頼《たの》みがある
はあ——!?

オレたちとの
約束《やくそく》やぶっといて
何《なに》言《い》ってんのさ
まあ
まあ
実《じつ》は
な……
耳《みみ》かせ
この城《しろ》には
隠《かく》された黄金《おうごん》が
眠《ねむ》っているらしい
その黄金《おうごん》を
探《さが》してほしいのだ
ま……
まーかし
とけ
ーー
そら カイの
冒険魂《ぼうけんだましい》にも
火《ひ》がつくわ
よね……

築城名人対決《ちくじょうめいじんたいけつ》！

①設計技術《せっけいぎじゅつ》がピカイチ　藤堂高虎《とうどうたかとら》

築城名人《ちくじょうめいじん》として、真《ま》っ先《さき》に名前《なまえ》が挙《あ》がるのが、藤堂《とうどう》高虎《たかとら》でしょう。徳川家康《とくがわいえやす》に技術《ぎじゅつ》を見込《みこ》まれた高虎《たかとら》は、家康《いえやす》の居城《きょじょう》・江戸城《えどじょう》をはじめ、多《おお》くの城《しろ》の縄張《なわば》り（設《せっ》計《けい》）を担当《たんとう》しています。

高虎《たかとら》の居城《きょじょう》・宇和島城《うわじまじょう》は、上《うえ》から見《み》ると五角形《ごかくけい》の敷《しき》地《ち》なのに、地上《ちじょう》からは四角形《しかくけい》だと錯覚《さっかく》してしまう、トリックのようなつくりになっています。

城《しろ》のキーパーソン　1

天下人《てんかびと》に信頼《しんらい》された築城名人《ちくじょうめいじん》

藤堂高虎《とうどうたかとら》

★生没年《せいぼつねん》 1556 ～ 1630 年《ねん》

浅井長政《あざいながまさ》、羽柴秀長《はしばひでなが》、豊臣秀吉《とよとみひでよし》、徳川家康《とくがわいえやす》と、次々《つぎつぎ》と主君《しゅくん》を変《か》えた。築城《ちくじょう》技術《ぎじゅつ》にすぐれ、生涯《しょうがい》で 17 の城《しろ》を手《て》がけた。

藤堂高虎画像 東京大学史料編纂所所蔵模写

ここから自由《じゆう》に出入《でい》りできるもんね～
2辺《へん》は固《かた》めたぞ
2辺《へん》は固《かた》めたぞ
からくり館《やかた》みたいだぜ！

宇和島城《うわじまじょう》は五角形《ごかくけい》

地上《ちじょう》からは、四角形《しかくけい》だと勘違《かんちが》いしてしまうつくり。もし、四方《しほう》を敵《てき》に囲《かこ》まれても、残《のこ》る一《いっ》辺《ぺん》から、自由自在《じゆうじざい》に出入《でい》りできる

※ 宇和島城《うわじまじょう》は、109 ページでも紹介《しょうかい》しています。

② 石垣《いしがき》づくりに極意《ごくい》あり　加藤清正《かとうきよまさ》

築城名人《ちくじょうめいじん》の2人目《ふたりめ》は、加藤清正《かとうきよまさ》です。清正《きよまさ》の築《きず》いた熊本城《くまもとじょう》は、天下《てんか》の名城《めいじょう》と名高《なだか》い城《しろ》です。急《きゅう》な角度《かくど》で反《そ》り返《かえ》った石垣《いしがき》は、「武者返《むしゃがえ》し」とも呼《よ》ばれ、忍者《にんじゃ》ですら登《のぼ》るのをあきらめるといいます。

熊本城《くまもとじょう》はまた、明治時代《めいじじだい》に政府軍《せいふぐん》と鹿児島県《かごしまけん》の士《し》族《ぞく》（武士《ぶし》）たちが戦《たたか》った西南戦争《せいなんせんそう》の舞台《ぶたい》となりました。政府軍《せいふぐん》が立《た》てこもった熊本城《くまもとじょう》を、兵数《へいすう》に勝《まさ》る士族側《しぞくがわ》が攻《せ》めましたが、結局攻《けっきょくせ》め落《お》とすことができませんでした。士族側《しぞくがわ》の大将《たいしょう》・西郷隆盛《さいごうたかもり》は、「官軍《かんぐん》（政府軍《せいふぐん》）ではなく、清正公《きよまさこう》に負《ま》けた」と言《い》ったそうです。

熊本城《くまもとじょう》の石垣《いしがき》

下《した》はゆるやかで簡単《かんたん》に登《のぼ》れるように見《み》えるが、上《うえ》に行《い》くほど角度《かくど》が急《きゅう》になり、登《のぼ》ることができない

写真：iStock

※熊本城《くまもとじょう》は、2016（平成《へいせい》28）年《ねん》に発生《はっせい》した熊本《くまもと》地震《じしん》で大《おお》きな被害《ひがい》を受《う》けました。現在《げんざい》、復旧作業《ふっきゅうさぎょう》が続《つづ》けられていますが、多《おお》くの場所《ばしょ》は立《た》ち入《い》ることができません。

城《しろ》のキーパーソン　2

秀吉《ひでよし》に仕《つか》えた猛将《もうしょう》

加藤清正《かとうきよまさ》

★生没年《せいぼつねん》 1562 ～ 1611 年《ねん》
幼《おさな》い頃《ころ》から豊臣秀吉《とよとみひでよし》に仕《つか》えた、武勇《ぶゆう》にすぐれた武将《ぶしょう》。朝鮮出兵《ちょうせんしゅっぺい》の時《とき》に「虎退治《とらたいじ》」を行《おこな》ったという逸話《いつわ》でも有名《ゆうめい》。

加藤清正画像 東京大学史料編纂所所蔵模写

清正《きよまさ》の石垣伝説《いしがきでんせつ》1

子《こ》どもを遊《あそ》ばせる

江戸城《えどじょう》の石垣《いしがき》をつくった時《とき》のこと。工事《こうじ》が遅《おく》れるのもかまわず、石垣《いしがき》の土台《どだい》で何《なん》日《にち》も子《こ》どもたちを遊《あそ》ばせた。おかげで土《つち》が踏《ふ》み固《かた》められ、じょうぶな石垣《いしがき》になったという。

清正《きよまさ》の石垣伝説《いしがきでんせつ》2

築城技術《ちくじょうぎじゅつ》はヒ・ミ・ツ

名古屋城《なごやじょう》の築城《ちくじょう》では、天守《てんしゅ》がのる石垣《いしがき》を築《きず》く時《とき》に、工《こう》事《じ》のようすを幕《まく》で隠《かく》した。石垣《いしがき》の技術《ぎじゅつ》は、トップシークレットだったのだ。

6章《しょう》 隠《かく》された“お宝《たから》”を探《さが》せ！

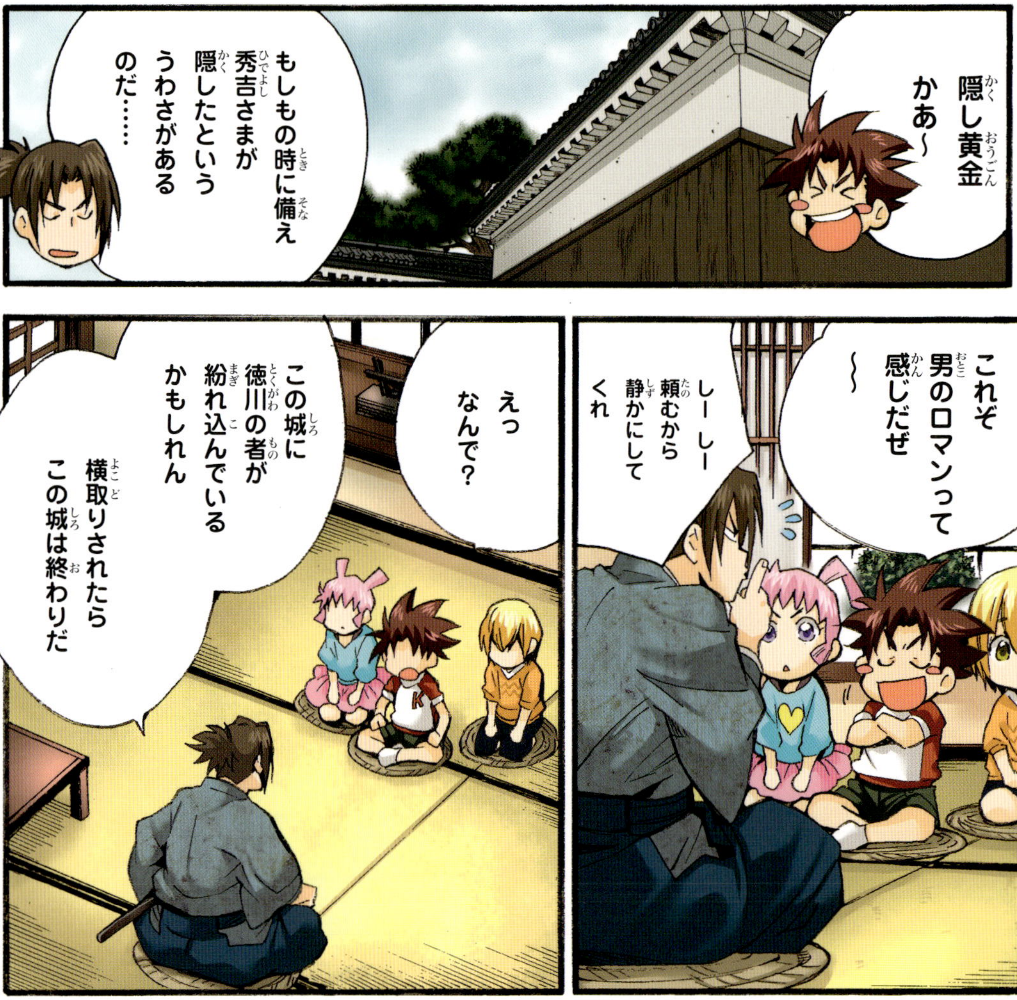
隠《かく》し黄金《おうごん》かぁ〜
もしもの時《とき》に備《そな》え秀吉《ひでよし》さまが隠《かく》したといううわさがあるのだ……
これぞ男《おとこ》のロマンって感《かん》じだぜ〜
しーしー頼《たの》むから静《しず》かにしてくれ
えっなんで？
この城《しろ》に徳川《とくがわ》の者《もの》が紛《まぎ》れ込《こ》んでいるかもしれん
横取《よこど》りされたらこの城《しろ》は終《お》わりだ

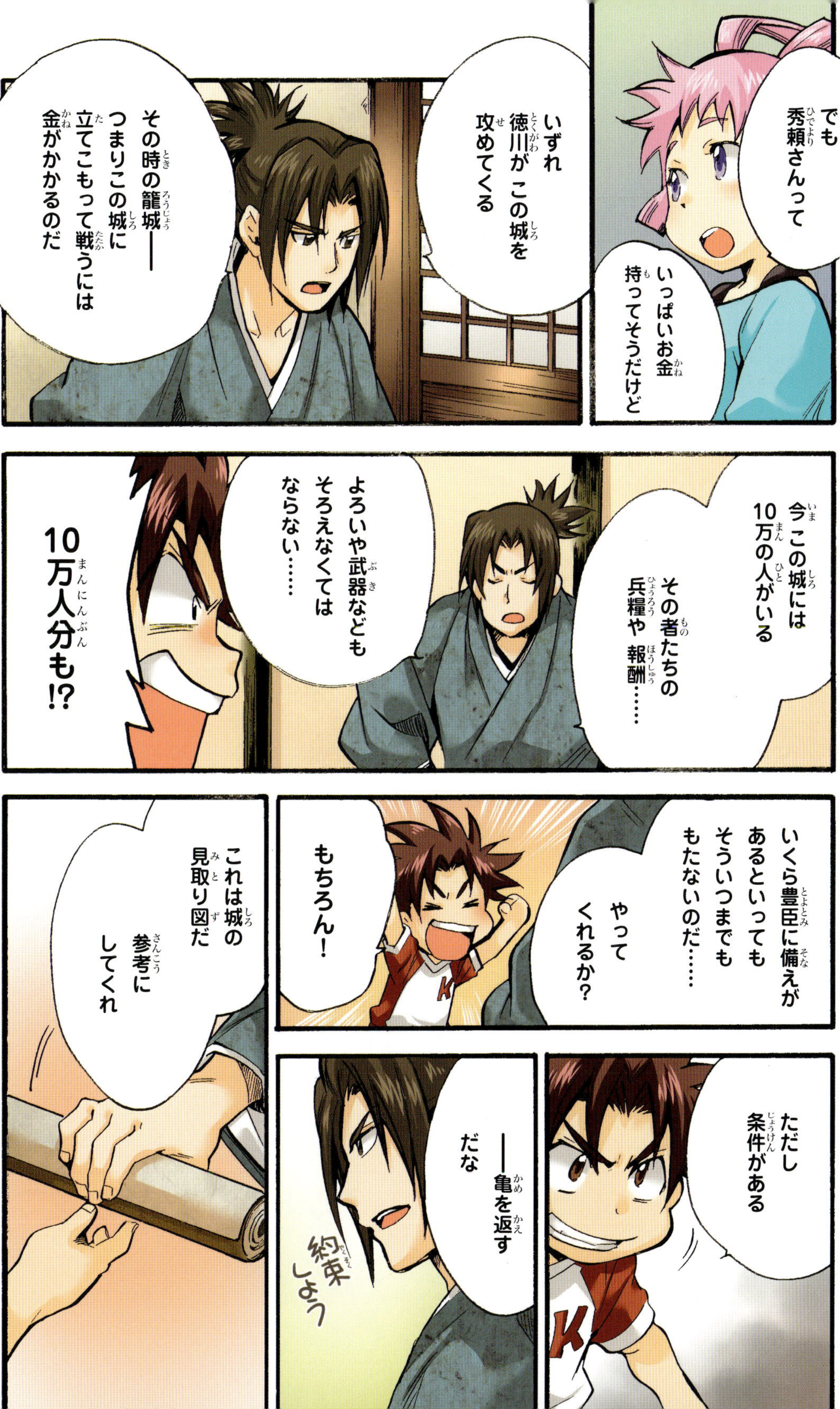
でも
秀頼《ひでより》さんって
いっぱいお金《かね》持《も》ってそうだけど
いずれ
徳川《とくがわ》がこの城《しろ》を
攻《せ》めてくる
その時《とき》の籠城《ろうじょう》――
つまりこの城《しろ》に
立《た》てこもって戦《たたか》うには
金《かね》がかかるのだ
今《いま》この城《しろ》には
10万《まん》の人《ひと》がいる
その者《もの》たちの
兵糧《ひょうろう》や報酬《ほうしゅう》……
よろいや武器《ぶき》なども
そろえなくては
ならない……
10万人分《まんにんぶん》も!?
いくら豊臣《とよとみ》に備《そな》えが
あるといっても
そういつまでも
もたないのだ……
やって
くれるか?
もちろん!
これは城《しろ》の
見取《みと》り図《ず》だ
参考《さんこう》に
してくれ
ただし
条件《じょうけん》がある
――亀《かめ》を返《かえ》す
だな
約束《やくそく》
しよう

それじゃ頼《たの》んだぞ3人《にん》とも!!
おう!!
──っても よ……
広《ひろ》すぎだ よな

郵 便 は が き

ここに切手《きって》を
貼《は》ってね！

104-8011

朝日新聞出版　生活・文化編集部

「サバイバル」「対決」
「タイムワープ」シリーズ　係

☆**愛読者《あいどくしゃ》カード**☆シリーズをもっとおもしろくするために、みんなの感想《かんそう》を送《おく》ってね。
毎月《まいつき》、抽選《ちゅうせん》で10名《めい》のみんなに、サバイバル特製《とくせい》グッズをあげるよ。

☆**ファンクラブ通信《つうしん》への投稿《とうこう》**☆このハガキで、ファンクラブ通信《つうしん》のコーナーにも投稿《とうこう》できるよ！
たくさんのコーナーがあるから、いっぱい応募《おうぼ》してね。

ファンクラブ通信《つうしん》は、公式《こうしき》サイトでも読《よ》めるよ！ サバイバルシリーズ 検索《けんさく》

お名前《なまえ》			ペンネーム	※本名《ほんみょう》でも可《か》	
ご住所《じゅうしょ》	〒				
電話番号《でんわばんごう》			シリーズを何冊《なんさつ》もってる？	冊《さつ》	
性別《せいべつ》	男《おとこ》・女《おんな》	学年《がくねん》	年《ねん》	年齢《ねんれい》	才《さい》
コーナー名《めい》	※ファンクラブ通信《つうしん》への投稿《とうこう》の場合《ばあい》				

※ご提供《ていきょう》いただいた情報《じょうほう》は、個人情報《こじんじょうほう》を含《ふく》まない統計的《とうけいてき》な資料《しりょう》の作成等《さくせいなど》に使用《しよう》いたします。その他《た》の利用《りよう》について詳《くわ》しくは、当社《とうしゃ》ホームページ http://publications.asahi.com/company/privacy/ をご覧下《らんくだ》さい。

☆本《ほん》の感想《かんそう》、ファンクラブ通信《つうしん》への投稿《とうこう》など、好《す》きなことを書《か》いてね！

ご感想《かんそう》を広告《こうこく》、書籍《しょせき》の PR に使用《しよう》させていただいてもよろしいでしょうか？

1．実名《じつめい》で可《か》　2．匿名《とくめい》で可《か》　3．不可《ふか》

ねぇ カイ
隠《かく》された黄金《おうごん》って
ここに来《く》る前《まえ》のあれじゃないかな
あー
あの時《とき》のか……!!
間違《まちが》いない!! 行《い》ってみようぜ!
ここだ!
だめだ…… 穴《あな》らしきものはないな
あの時《とき》 ぼくたちに見《み》つかったから場所《ばしょ》を変《か》えたのかも

こうなったら 手分《てわ》けして 城《しろ》の中《なか》で 情報《じょうほう》を集《あつ》めましょ
よし 潜入調査《せんにゅうちょうさ》だ!!
やしゃおの情報《じょうほう》も 手《て》に入《はい》るかもね
あの新入《しんい》りの 馬当番《うまとうばん》……
えらい なつかれてる な

豊臣秀頼《とよとみひでより》の妻《つま》
千姫《せんひめ》
ふーっ
ふーっ
ゲホゲホ
お頭《かしら》
火《ひ》おこし
できまし
た～～
よっしゃ！

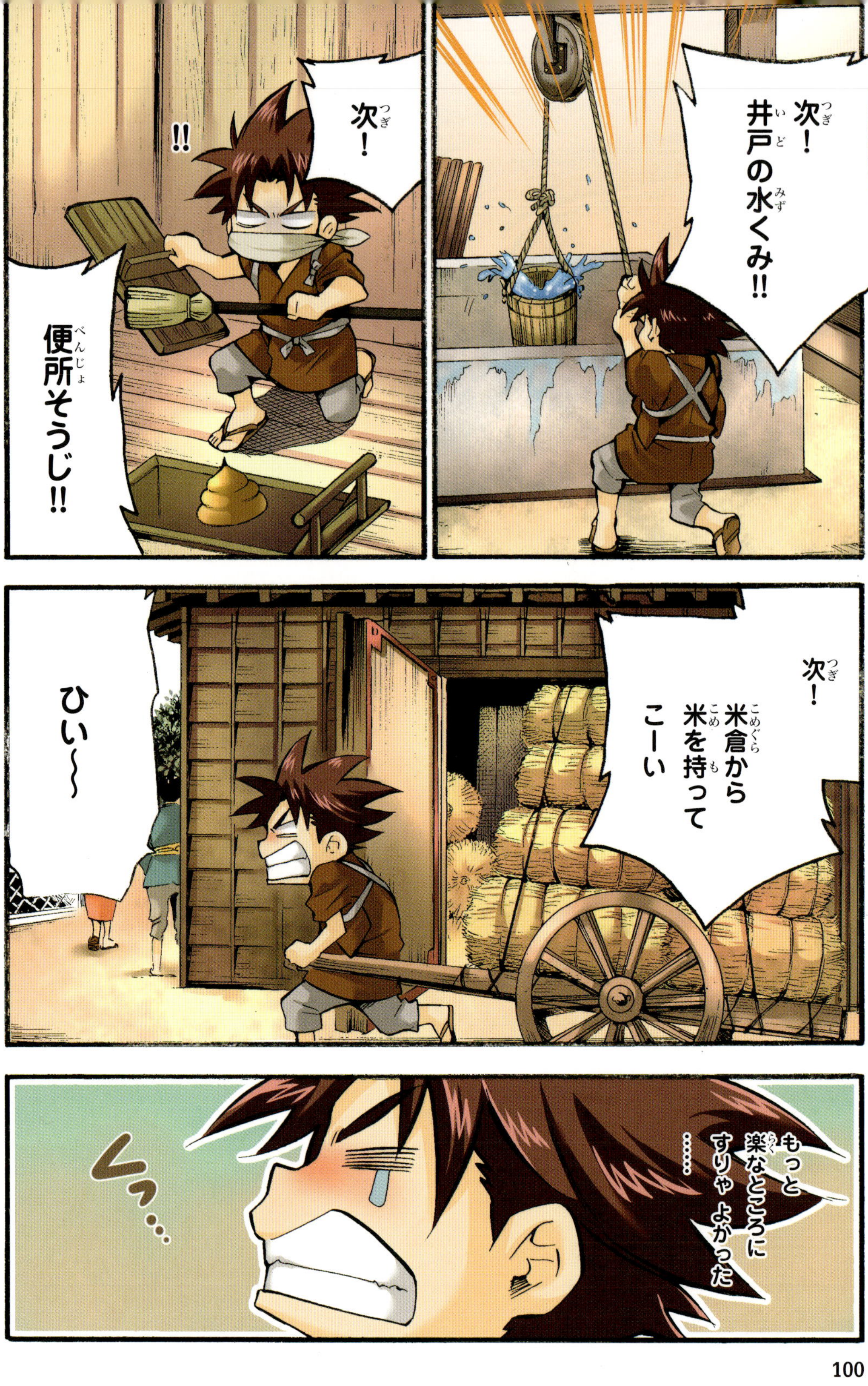
次《つぎ》！
井戸《いど》の水《みず》くみ!!
次《つぎ》！
!!
便所《べんじょ》そうじ!!
次《つぎ》！
米倉《こめぐら》から
米《こめ》を持《も》って
こーい
ひい～～
もっと
楽《らく》なところに
すりゃ よかった
……
くっ…

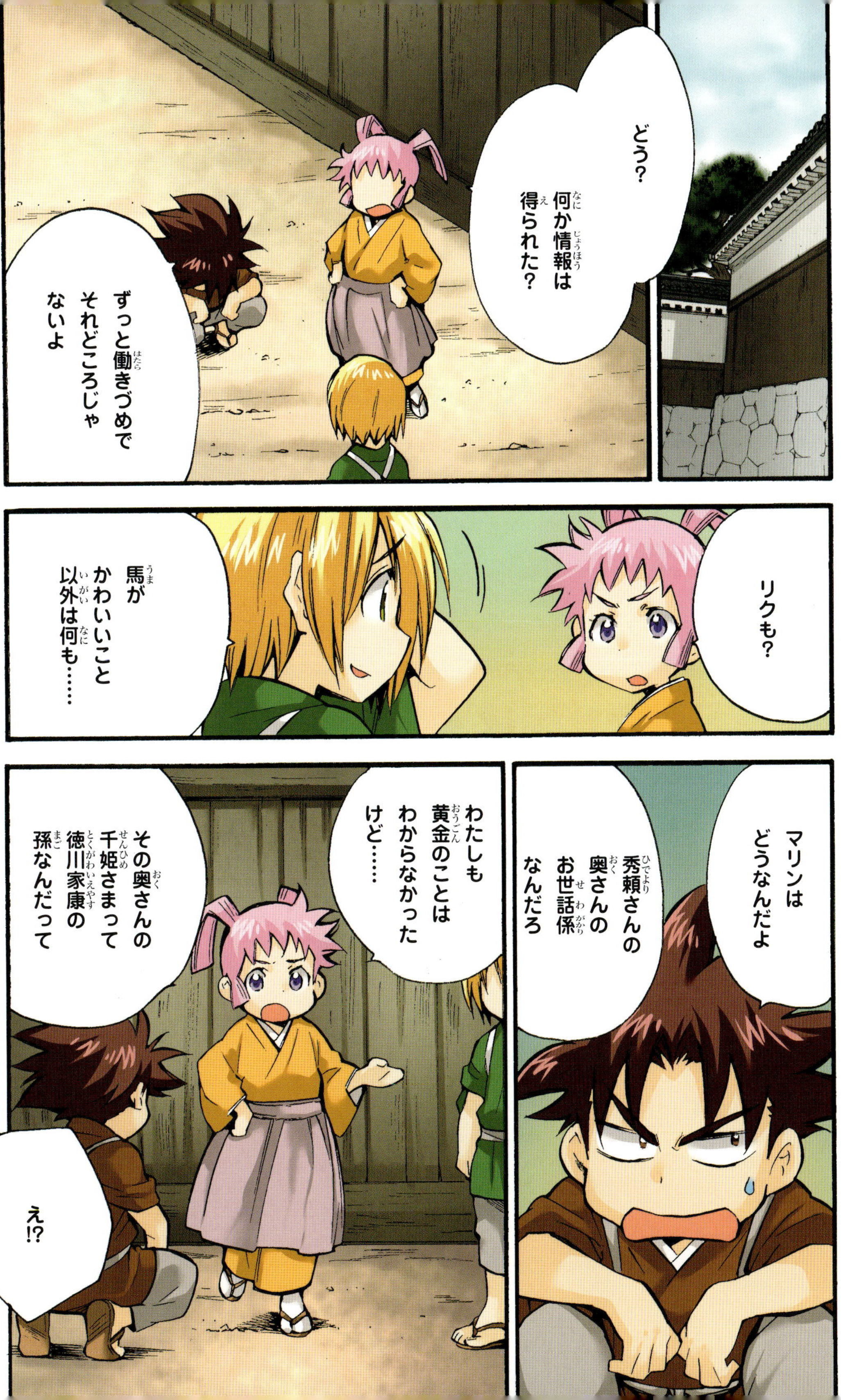
どう？
何《なに》か情報《じょうほう》は得《え》られた？
ずっと働《はたら》きづめでそれどころじゃないよ
リクも？
馬《うま》がかわいいこと以外《いがい》は何《なに》も……
マリンはどうなんだよ
秀頼《ひでより》さんの奥《おく》さんのお世話係《せわがかり》なんだろ
わたしも黄金《おうごん》のことはわからなかったけど……
その奥《おく》さんの千姫《せんひめ》さまって徳川家康《とくがわいえやす》の孫《まご》なんだって
え!?

じゃあ徳川家康《とくがわいえやす》は自分《じぶん》の孫《まご》がいる城《しろ》を攻《せ》めようとしてんのか？
そうなのびっくりでしょ!?
探《さが》したぞ
おっここにいたか3人《にん》とも
幸村《ゆきむら》さん
何《なに》かあったんですか？
徳川《とくがわ》が大坂《おおさか》に入《はい》った
え？ということは
ああ
とうとう戦《いくさ》が始《はじ》まる

1614年《ねん》 大坂冬《おおさかふゆ》の陣《じん》
真田幸村《さなだゆきむら》め なかなか やりおるわ
真田丸《さなだまる》から 一歩《いっぽ》も前《まえ》に 進《すす》めんでは ないか
ギリ…
さすが難攻不落《なんこうふらく》と 名高《なだか》い大坂城《おおさかじょう》
これだけの 大軍《たいぐん》で攻《せ》めても ビクとも せんとは……
徳川家康《とくがわいえやす》

うわあ
徳川《とくがわ》だ
徳川《とくがわ》が大《おお》きな音《おと》と声《こえ》で怖《こわ》がらせようとしている!!
ぼくらを疲《つか》れさせようとしてるんだ……
くそーー地味《じみ》にキツイじゃねーか

よーし 次《つぎ》はできるだけ 城《しろ》に近《ちか》づいて
今度《こんど》は 鉄砲《てっぽう》の音《おと》で おどかしてやるぞ
おぉーーっ
ガチャ。
撃《う》て――
何《なん》なの あの声《こえ》
あの音《おと》
怖《こわ》い
眠《ねむ》れない
……
おじいさま……

よし
ダッ
あっ
マリン
どこへ行《い》くの?
ガー
城《しろ》の中《なか》のやつら
さぞや怖《こわ》がっているだろう
……ん?
ガー
ガー

塀《へい》の上《うえ》に誰《だれ》かいるぞ！
誰《だれ》だ!?
わたしは神《かみ》の使《つか》い
マリンザダンサー
さあみんな
用意《ようい》はいい？

現存《げんそん》12天守《てんしゅ》

① 江戸《えど》時代《じだい》から残《のこ》る12天守《てんしゅ》

江戸《えど》時代《じだい》までにつくられた天守《てんしゅ》は、現在《げんざい》、12基《き》だけ残《のこ》っています。これらを「現存《げんそん》12天守《てんしゅ》」と呼《よ》んでいます。

「現存《げんそん》12天守《てんしゅ》」はここ！

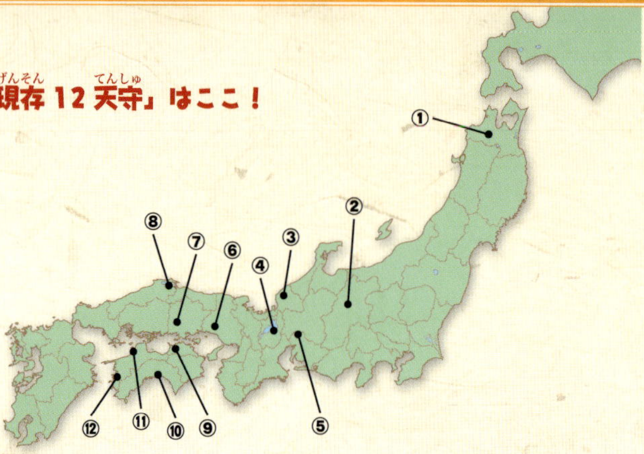

②松本城天守《まつもとじょうてんしゅ》（長野県松本市《ながのけんまつもとし》）

1615(慶長《けいちょう》20)年《ねん》までにつくられた天守《てんしゅ》。黒塗《くろぬ》りの壁《かべ》から別名《べつめい》「烏城《からすじょう》」とも呼《よ》ばれる

①弘前城天守《ひろさきじょうてんしゅ》（青森県弘前市《あおもりけんひろさきし》）

1810（文化《ぶんか》7）年《ねん》に、ロシア船《せん》の往来《おうらい》に備《そな》えて櫓《やぐら》を改築《かいちく》したもの

③丸岡城天守《まるおかじょうてんしゅ》（福井県坂井市《ふくいけんさかいし》）

天守《てんしゅ》は、1613(慶長《けいちょう》18)年《ねん》につくられたといわれているが、はっきりした年代《ねんだい》は不明《ふめい》。もっとも古《ふる》い時代《じだい》の天守《てんしゅ》の形《かたち》をしている

⑤犬山城天守《いぬやまじょうてんしゅ》（愛知県犬山市《あいちけんいぬやまし》）

1601(慶長《けいちょう》6)年頃《ねんごろ》につくられた天守《てんしゅ》で、1620（元和《げんな》6）年頃現在《ねんごろげんざい》の形《かたち》となった。2004（平成《へいせい》16）年《ねん》まで、個人《こじん》が所有《しょゆう》していた城《しろ》としても有名《ゆうめい》

④彦根城天守《ひこねじょうてんしゅ》（滋賀県彦根市《しがけんひこねし》）

1606(慶長《けいちょう》11)年《ねん》に完成《かんせい》した天守《てんしゅ》。関《せき》ケ原《がはら》の戦《たたか》いで落城《らくじょう》しなかった大津城《おおつじょう》が、その後《ご》、廃城《はいじょう》となったので、その天守《てんしゅ》を移築《いちく》してつくったもの

写真：すべて朝日新聞社

シャチ（しゃちほこ）
実在《じつざい》のシャチではなく、頭《あたま》がトラ（龍《りゅう》）で胴体《どうたい》が魚《さかな》という想像上《そうぞうじょう》の生《い》き物《もの》。城《しろ》の大切《たいせつ》な建物《たてもの》に向《む》かい合《あ》わせで対《つい》になるようつけられた。防火《ぼうか》のおまじないとされる

⑥姫路城天守《ひめじじょうてんしゅ》
（兵庫県姫路市《ひょうごけんひめじし》）
1609(慶長《けいちょう》14)年《ねん》に完成《かんせい》した、現存《げんそん》する中《なか》で最大《さいだい》の天守《てんしゅ》。美《うつく》しい白壁《しらかべ》から、別名《べつめい》「白鷺城《しらさぎじょう》」とも呼《よ》ばれる。世界遺産《せかいいさん》

⑦備中松山城天守《びっちゅうまつやまじょうてんしゅ》（岡山県高梁市《おかやまけんたかはしし》）
1681(元和《げんな》1)年頃《ねんごろ》につくられた天守《てんしゅ》。標高《ひょうこう》430 mの山頂《さんちょう》にある山城《やまじろ》だ

⑩高知城天守《こうちじょうてんしゅ》（高知県高知市《こうちけんこうちし》）
1747(延享《えんきょう》4)年《ねん》に再建《さいけん》された天守《てんしゅ》。日《に》本《ほん》で唯一《ゆいいつ》、本丸《ほんまる》が丸《まる》ごと現存《げんそん》する

⑨丸亀城天守《まるがめじょうてんしゅ》（香川県丸亀市《かがわけんまるがめし》）
1660(万治《まんじ》3)年《ねん》に完成《かんせい》した天守《てんしゅ》。高《たか》い石垣《いしがき》の上《うえ》に立《た》つ

⑧松江城天守《まつえじょうてんしゅ》（島根県松江市《しまねけんまつえし》）
1611(慶長《けいちょう》16)年《ねん》に完成《かんせい》。内部《ないぶ》に井戸《いど》を備《そな》えるなど、実戦《じっせん》を重視《じゅうし》したつくり

⑫宇和島城天守《うわじまじょうてんしゅ》
（愛媛県宇和島市《えひめけんうわじまし》）
1666(寛文《かんぶん》6)年頃《ねんごろ》につくられた天守《てんしゅ》。平和《へいわ》な時代《じだい》につくられたため、狭間《さま》や石落《いしお》としなどはなく、軍事《ぐんじ》より装飾《そうしょく》が重視《じゅうし》されている

⑪松山城天守《まつやまじょうてんしゅ》
（愛媛県松山市《えひめけんまつやまし》）
再《ふた》び争《あらそ》いの世《よ》になった幕末《ばくまつ》の、1852(嘉永《かえい》5)年《ねん》に再建《さいけん》された天守《てんしゅ》。江戸時代《えどじだい》につくられた最《さい》後《ご》の天守《てんしゅ》

※ここで紹介《しょうかい》した国宝以外《こくほういがい》の天守《てんしゅ》は、すべて国《くに》の重要文化財《じゅうようぶんかざい》です。

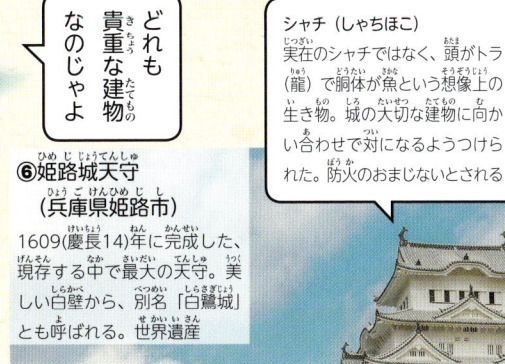

7章《しょう》

いざ！
「大坂冬《おおさかふゆ》の陣《じん》」

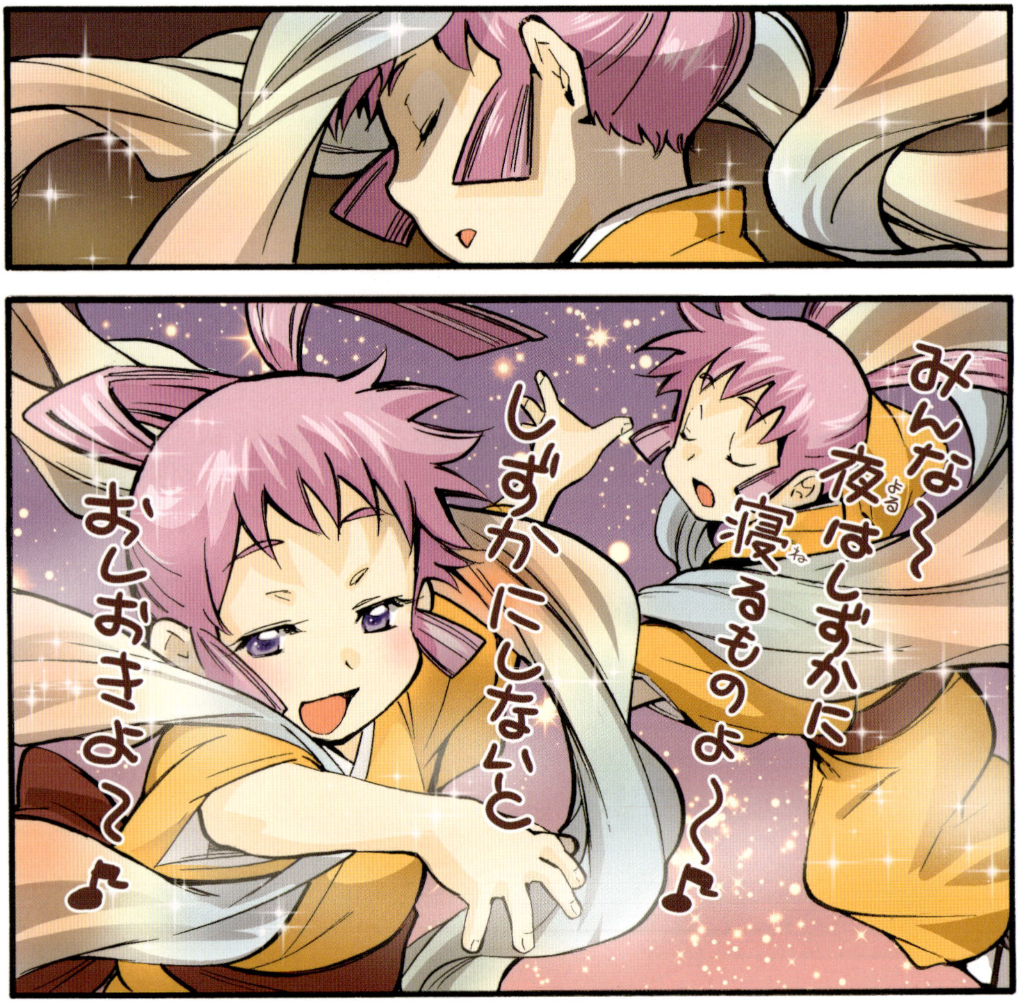

美《うつく》しい……
女神《めがみ》さまだ……
女神《めがみ》さまーーっ
なんだいったい!!
なぜ騒音攻撃《そうおんこうげき》をやめたのだ!!
えー それが兵《へい》たちが女神《めがみ》のとりこに……
何《なに》を言《い》っておるのだ!?
も……申《もう》し訳《わけ》ありません!
ーーまあいいすぐにカタがつく
秘密兵器《ひみつへいき》が手《て》に入《はい》ったからな……

はーい
次《つぎ》の方《かた》どうぞ――
はい
どうぞ
がんばり
ましょうね
よし
ワシらも
飯《めし》にしよか
やった!!
ごはん～
ごはん～♪
からっぽ
オレの分《ぶん》
は――っ!?
ああ
スマン
こっちに
用意《ようい》して
ある
ホラ

なんだ
よかった
——
ズーッ
なに
これ……?
これを
煮《に》たやつや
……って
縄《なわ》……?
戦《いくさ》では
いつ食《た》べ物《もの》が
なくなるか
わからん
だから保存食《ほぞんしょく》として
サトイモの茎《くき》に味噌《みそ》をつけ
縄《なわ》をつくってあるんや
ほ…ほかに
何《なに》かないの?
じゃあ
こっちの松《まつ》の木《き》の
皮《かわ》をはいで煮《に》た
おかゆをやろう
——こっちで
いいです……
もしかして
お城《しろ》に
松《まつ》の木《き》が多《おお》いのは
そのためですか?
そのとおりや

みんな見《み》ろ!!
ざわっ
幸村《ゆきむら》さまだ
幸村《ゆきむら》さまのお戻《もど》りだ!!
うわー幸村《ゆきむら》さん
かっこいい!
赤《あか》にしてみたんだ
強《つよ》そうに見《み》えるだろ
うん!!
ところで例《れい》の件《けん》頼《たの》んだぞ
まかせといて!
黄金《おうごん》が見《み》つかれば
たとえ徳川《とくがわ》に囲《かこ》まれても10年《ねん》は戦《たたか》えるさ

でも 籠城《ろうじょう》だけじゃ
たとえ 負《ま》けなくても 勝《か》つことは できないんじゃ
さすがだな リク
策《さく》はある わたしは 抜《ぬ》け穴《あな》を使《つか》って 神出鬼没《しんしゅつきぼつ》に 徳川《とくがわ》を攻撃《こうげき》 するのだ
ええ
この城《しろ》に 抜《ぬ》け穴《あな》なんて あるの?
どこに いくつくらい あんの!?
教《おし》えられる か!!
すげー!っ
いってみたい!!
秀頼《ひでより》さまに 報告《ほうこく》したら またすぐ出陣《しゅつじん》 だ
がんばれ 幸村《ゆきむら》さん!!

幸村《ゆきむら》さん だいじょうぶ かな?
いや だいじょうぶじゃ ないと困《こま》る
やしゃおを返《かえ》してもらう約束《やくそく》をしてるからな
——そうだね
よし!! オレたちもお宝探《たからさが》し再開《さいかい》だ!!
囲《かご》め 囲《かご》め〜
かごの中《なか》の鳥《とり》居《い》は〜 いついつでやる〜
ん?
夜明《よあ》けの晩《ばん》に〜 ツルとカメがす〜べった〜

かごめ
かごめ?
――でも
オレが知《し》ってる
歌詞《かし》と違《ちが》うぞ
替《か》え歌《うた》
じゃない?
いつの頃《ころ》からか
この城《しろ》で
はやってる
らしいわよ
ふーん
変《へん》なの――
もしかして
リク?
……
あの
わらべ歌《うた》って
黄金《おうごん》の
隠《かく》し場所《ばしょ》の
暗号《あんごう》じゃない
かな
え!?
どういう
ことだよ

ぼくたちが前《まえ》に黄金《おうごん》の隠《かく》し場所《ばしょ》を見《み》ちゃった時《とき》……
「夜明《よあ》けの晩《ばん》に鶴《つる》と亀《かめ》がすべった」ってきっとあの時《とき》のことだよ
あの歌《うた》は黄金《おうごん》の隠《かく》し場所《ばしょ》を示《しめ》してるんじゃないかな？
スッゲ!!
でかしたぞリク!!
おぅっ!
よし!!
みんなで暗号《あんごう》を解《と》くぜ──
とは言《い》ったものの……
なんだろう……
囲《かこ》め囲《かこ》め
かごの中《なか》の鳥居《とりい》は
いついつでやる
夜明《よあ》けの晩《ばん》に
鶴《つる》と亀《かめ》がすべった
後《うし》ろの正面《しょうめん》
だあれ

わかった
鳥居《とりい》ってことは
神社《じんじゃ》に隠《かく》してあるんだ!!
そんな単純《たんじゅん》かな―
なあマリン
この城《しろ》の中《なか》に神社《じんじゃ》ってあるか?
神社《じんじゃ》……?
たしか秀頼《ひでより》さまの部屋《へや》の近《ちか》くに
秀吉《ひでよし》さんをまつった神社《じんじゃ》が
それだ――!!
行《い》こう!!

ガサ
ここか……
まず鳥居《とりい》のまわりから探《さぐ》ってみよう
OK《オーケイ》!!
うーん……
ガサ
ガサ
あやしいところはなさそうだな――
誰《だれ》か来《き》た……
シッ
静《しず》かに

神社《じんじゃ》の奥《おく》へ入《はい》っていった……
何《なん》だろう？
しかもごちそう持《も》ってた!!
ついていってみよう
うん!!
ザザ。
ザ。
あれ？
こんなところに池《いけ》が……

いや～ ここはパラダイスっス～～★
!!
こちらもいかがですか?
肩《かた》をおもみしましょうか? 亀神《かめがみ》さま
やしゃお……!!
ぽいっ
ん～♡
ん―― このおだんごほっぺがおちそうっス～
よかった 元気《げんき》そうで……
……
……

ザッ
何者《なにもの》!?
ちょっ
おう
元気《げんき》?
カイじゃねーか
ガッ
ぎゃっ
ダッ
誰《だれ》かーー
亀神《かめがみ》さまがさらわれた〜〜
きゃーーっ!!
ぎゃーっ!!
見《み》つけたぞやしゃお
ゴゴゴ

大坂冬《おおさかふゆ》の陣《じん》

① 豊臣《とよとみ》の世《よ》から徳川《とくがわ》の世《よ》に

天下《てんか》を統一《とういつ》した豊臣秀吉《とよとみひでよし》の死後《しご》、次《つぎ》に天下《てんか》を手《て》にしたのは、徳川家康《とくがわいえやす》でした。家康《いえやす》は、1603（慶《けい》長《ちょう》8）年《ねん》に江戸《えど》（東京都《とうきょうと》）に幕府《ばくふ》を開《ひら》きました。江《え》戸《ど》時代《じだい》のはじまりです。

秀吉《ひでよし》の子《こ》どもの秀頼《ひでより》は、摂津《せっつ》・河内《かわち》・和泉《いずみ》（現在《げんざい》の大阪府《おおさかふ》と兵庫県《ひょうごけん》の一部《いちぶ》）を領国《りょうごく》とする一大名《いちだいみょう》に格下《かくさ》げされました。しかし、大名《だいみょう》の中《なか》には、いまだ豊臣《とよとみ》家《け》に心《こころ》を寄《よ》せる者《もの》が多《おお》くいたのです。家康《いえやす》は、このまま秀頼《ひでより》をほうっておくと、いつか徳川家《とくがわけ》がおびやかされるのではないかと不安《ふあん》をつのらせました。

家康《いえやす》は、秀頼《ひでより》がお寺《てら》に奉納《ほうのう》した鐘《かね》の文字《もじ》に「国家《こっか》安康《あんこう》」「君臣豊楽《くんしんほうらく》」という文字《もじ》があることを知《し》ると、これを口実《こうじつ》に利用《りよう》しました。「国家安康《こっかあんこう》」は、「家《いえ》」「康《やす》」の字《じ》を切《き》り離《はな》し、呪《のろ》いをかけようとしているもので、「君臣豊楽《くんしんほうらく》」は豊臣《とよとみ》の繁栄《はんえい》を願《ねが》ったものであると、言《い》いがかりをつけたといいます。

家康《いえやす》は、秀頼《ひでより》の必死《ひっし》の言《い》い訳《わけ》にも耳《みみ》を貸《か》さず、ついに、1614（慶長《けいちょう》19）年《ねん》、20万《まん》もの大軍《たいぐん》を率《ひき》い、大坂城《おおさかじょう》を攻撃《こうげき》しました。これが世《よ》にいう「大坂冬《おおさかふゆ》の陣《じん》」です。

方広寺《ほうこうじ》（京都府《きょうとふ》）の鐘《かね》
「国家安康《こっかあんこう》」「君臣豊楽《くんしんほうらく》」の文字《もじ》が刻《きざ》まれている
写真：朝日新聞社

② 真田幸村《さなだゆきむら》が大活躍《だいかつやく》！

家康《いえやす》の攻撃《こうげき》に対《たい》し、豊臣方《とよとみがた》は、大坂城《おおさかじょう》にこもって戦《たたか》うことを決《き》めました。豊臣方《とよとみがた》の武将《ぶしょう》・真田幸村《さなだゆきむら》は、堀《ほり》や塀《へい》を備《そな》え、内側《うちがわ》から鉄砲《てっぽう》や弓矢《ゆみや》で攻撃《こうげき》できるようにした砦《とりで》を、大坂城《おおさかじょう》の南側《みなみがわ》に築《きず》きました。これが、通称《つうしょう》「真田丸《さなだまる》」です。

川《かわ》に囲《かこ》まれた大坂城《おおさかじょう》に南側《みなみがわ》から近《ちか》づくには、この真田丸《さなだまる》を攻略《こうりゃく》するほかなく、徳川《とくがわ》の軍《ぐん》は、大軍《たいぐん》で真田丸《さなだまる》を攻《せ》めました。しかし幸村《ゆきむら》は、たくみに堀《ほり》まで徳川軍《とくがわぐん》を引《ひ》きつけたあとに、一気《いっき》に攻撃《こうげき》をしかけ、大打撃《だいだげき》を負《お》わせたのです。

幸村《ゆきむら》の活躍《かつやく》もあり、このままでは大坂城《おおさかじょう》を落《お》とせないと考《かんが》えた家康《いえやす》は、いったん和睦《わぼく》の道《みち》を探《さぐ》ることにしました。「難攻不落《なんこうふらく》」といわれたとおり、大坂城《おおさかじょう》は20万《まん》の大軍《たいぐん》にも、びくともしませんでした。

城《しろ》のキーパーソン　3

豊臣秀吉《とよとみひでよし》の遺児《いじ》

豊臣秀頼《とよとみひでより》

★生没年《せいぼつねん》 1593 ～ 1615 年《ねん》

豊臣秀吉《とよとみひでよし》の子《こ》。秀吉《ひでよし》のあとを継《つ》ぎ天下人《てんかびと》となるはずだったが、秀吉《ひでよし》の死後《しご》、天下《てんか》は徳川《とくがわ》のものとなり、一大名《いちだいみょう》の地位《ちい》に転落《てんらく》した。家康《いえやす》の孫《まご》の千姫《せんひめ》を妻《つま》にした。

養源院蔵

城《しろ》のキーパーソン　4

「日本一《ひのもといち》の兵《つわもの》」と称《しょう》された武将《ぶしょう》

真田幸村《さなだゆきむら》（信繁《のぶしげ》）

★生没年《せいぼつねん》 1567 ～ 1615 年《ねん》

信繁《のぶしげ》が本名《ほんみょう》で、幸村《ゆきむら》は後世《こうせい》の小説《しょうせつ》などでの名《な》。大坂《おおさか》の陣《じん》では豊臣方《とよとみがた》に参加《さんか》し、その勇猛《ゆうもう》な戦《たたか》いぶりに「日本一《ひのもといち》の兵《つわもの》」と称《しょう》された。

上田市立博物館蔵

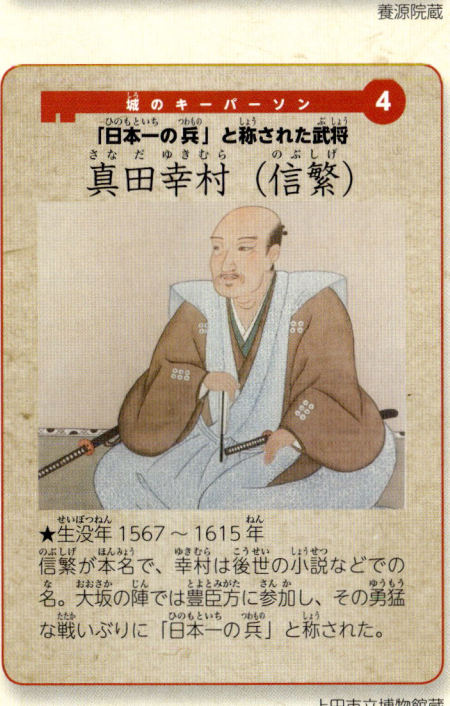

8章《しょう》

最終決戦《さいしゅうけっせん》！「大坂夏《おおさかなつ》の陣《じん》」

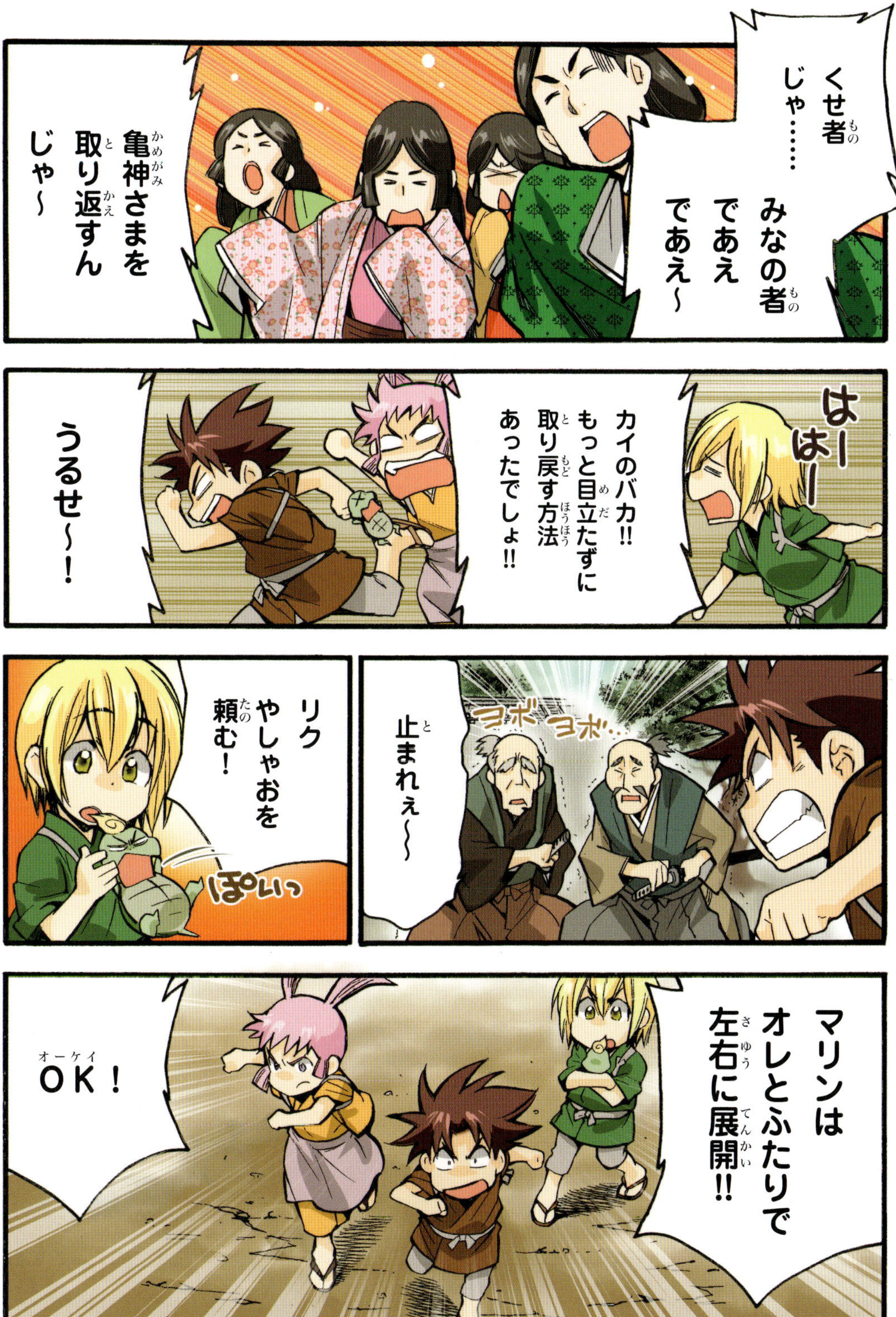
くせ者《もの》じゃ……
みなの者《もの》であえ
であえ～
亀神《かめがみ》さまを取《と》り返《かえ》すんじゃ～
はーはーー
カイのバカ!!
もっと目立《めだ》たずに取《と》り戻《もど》す方法《ほうほう》あったでしょ!!
うるせ～～!
ヨボ ヨボ…
止《と》まれぇ～～
リク やしゃおを頼《たの》む!
ぽいっ
マリンはオレとふたりで左右《さゆう》に展開《てんかい》!!
OK《オーケイ》!

かくご～!!
よっと
ズシャア
おりゃー
うぬう
ちょこまかと
ぐるぐるぐるぐる

ああ〜〜 目《め》が
目《め》が回《まわ》る〜〜
亀神《かめがみ》さまを返《かえ》せ〜
ザざっ.
しつこいな——
どたーっ
ごめんよー
……ん？
ヒョルルルルル…
何《なん》だ？
何《なん》の音《おと》だ……？

ドカアァ…

……えっ？
きゃー
いやーっ
……何事《なにごと》？

天守《てんしゅ》が……
ふふふ 驚《おどろ》いたか 豊臣《とよとみ》の者《もの》ども
徳川《とくがわ》からの贈《おく》り物《もの》を
受《う》け取《と》るがいい!!

撃《う》てー
ガガァァン…
きゃー
大筒《おおづつ》だーー!!

いやーー こんなところ ムリ!!
とっとと タイムワープする っスよーー!!
ピカー
え
わっ ちょっと 待《ま》っ……
わ〜〜〜〜〜
ドドーー……
お゙ーっ
ドボーン
え…
堀《ほり》に人《ひと》が落《お》ちた…

え……
やしゃお！ここどこだよ
半年後《はんとしご》の大坂《おおさか》っス！
堀《ほり》がない……
1615年《ねん》
大坂夏《おおさかなつ》の陣《じん》

ドドン
いってぇ——
ぎゃーっ
何《なん》だ!?
何《なに》か降《ふ》ってきたぁ!
やしゃお いいかげん うまくワープできるようになってよ
って……
きゅう.
気絶《きぜつ》してる——!!
ねぇ カイ
建物《たてもの》があった場所《ばしょ》
壊《こわ》されて平地《へいち》になってる……
堀《ほり》も
城《しろ》を壊《こわ》した廃材《はいざい》で埋《う》め立《た》てられてるんだ……

おまえたち
生《い》きてたのか!!
幸村《ゆきむら》さん!
聞《き》いたぞ
半年前《はんとしまえ》に
おまえたちが
亀《かめ》と一緒《いっしょ》に空《そら》へ
消《き》えたって……
おまえたちは
亀神《かめがみ》の使《つか》い
だったんだと
大騒《おおさわ》ぎだった
ぞ
そ……
そうですか
いや
それどころじゃ
なかったんじゃない
ですか?
あの時《とき》
大砲《たいほう》の弾《たま》が飛《と》んで
きて……
城《しろ》が壊《こわ》れて……
ああ
城内大騒《じょうないおおさわ》ぎ
だったな……
あの大砲《たいほう》で
建物《たてもの》や堀《ほり》が
なくなっちゃったん
ですか?
いやいや
それごときで
天下《てんか》の大坂城《おおさかじょう》が
こうはならん

堀《ほり》を埋《う》めることを条件《じょうけん》に
秀頼《ひでより》さまが家康《いえやす》と講和《こうわ》を結《むす》んだのだ
こうわ?
戦《いくさ》をやめようってこと…かな?
じゃよかったんじゃないの?
いや 講和《こうわ》は家康《いえやす》の作戦《さくせん》だった……
堀《ほり》を埋《う》めたとたん家康《いえやす》は再《ふた》び兵《へい》をあげ大坂城《おおさかじょう》を攻《せ》めてきたのだ
え———っ!?
堀《ほり》がなければ敵《てき》は簡単《かんたん》に入《はい》ってこれちゃうじゃない
家康《いえやす》のやつ〜〜

幸村《ゆきむら》さん オレ 一緒《いっしょ》に戦《たたか》うよ
家康《いえやす》にオレのスーパーウルトラカイキックをおみまいしてやる!!
はっはっは それはいいな
しかしこれは わたしたちの戦《たたか》いだ
おまえたちがこの世界《せかい》の者《もの》でないのなら 自分《じぶん》の世界《せかい》に帰《かえ》らないとな
幸村《ゆきむら》さん……
……負《ま》けたりしないですよね
幸村《ゆきむら》さま!

家康《いえやす》が
攻《せ》めてきたか
じゃあなおまえたち
待《ま》ってよ
オレは亀《かめ》を見《み》つけて返《かえ》してもらったけど
でも
幸村《ゆきむら》さんとの約束《やくそく》は果《は》たせてない!
オレにも何《なに》か手伝《てつだ》わせてよ!!

千姫《せんひめ》さまを
徳川《とくがわ》のもとへ
送《おく》り届《とど》けたい……
このわたしの
最後《さいご》の頼《たの》み……
聞《き》いて
くれるか?
イヤだね
カイ?
でも
これが最後《さいご》の
頼《たの》みじゃねぇなら
引《ひ》き受《う》けるぜ
頼《たの》んだ
ぞ!!
ああ!

城《しろ》攻《ぜ》め大作戦《だいさくせん》！

①力攻《ちからぜ》め

城《しろ》を、武力《ぶりょく》を使《つか》って真《ま》っ向《こう》から攻《せ》めるのが、「力攻《ちからぜ》め」です。堀《ほり》を越《こ》え、石垣《いしがき》を登《のぼ》り、門《もん》を壊《こわ》し、城《しろ》の中《なか》に攻《せ》め込《こ》みます。ただし、攻《せ》める側《がわ》は、城内《じょうない》から総反《そうはん》撃《げき》されるので、城側《しろがわ》の3倍《ばい》以上《いじょう》の兵力《へいりょく》が必要《ひつよう》だとされます。攻《せ》める側《がわ》の損害《そんがい》も大《おお》きい方法《ほうほう》です。

②兵糧攻《ひょうろうぜ》め

「兵糧攻《ひょうろうぜ》め」は、大軍《たいぐん》で城《しろ》を包囲《ほうい》して、城《しろ》から人《ひと》が出入《でい》りできないようにし、城内《じょうない》の水《みず》や食料《しょくりょう》が尽《つ》きるのを待《ま》つ方法《ほうほう》です。攻《せ》める側《がわ》の損害《そんがい》は少《すく》なくてすみますが、兵力《へいりょく》も時間《じかん》もかかる方法《ほうほう》です。

兵糧攻《ひょうろうぜ》めで有名《ゆうめい》なのは、豊《とよ》臣秀吉《とみひでよし》による鳥取城《とっとりじょう》（鳥取県《とっとりけん》）攻《ぜ》めです。秀吉《ひでよし》は、城攻《しろぜ》めの前年《ぜんねん》から、鳥取城周辺《とっとりじょうしゅうへん》の米《こめ》を高値《たかね》で買《か》い占《し》めました。城《しろ》に入《はい》るはずだった米《こめ》が入《はい》らなくなり、城《しろ》に蓄《たくわ》えられた米《こめ》は激減《げきげん》。その上《うえ》で、城《しろ》を完全《かんぜん》に包囲《ほうい》したのです。

蓄《たくわ》えていた食料《しょくりょう》が尽《つ》き、外《そと》からも補給《ほきゅう》できないため、城内《じょうない》では餓《う》え死《じ》にする人《ひと》が続出《ぞくしゅつ》。城内《じょうない》の悲惨《ひさん》な光景《こうけい》を見《み》て、城主《じょうしゅ》はついに降伏《こうふく》しました。

もの知《し》りコラム

兵糧攻《ひょうろうぜ》めに負《ま》けないぞ！

城《しろ》にこもって戦《たたか》う「籠城戦《ろうじょうせん》」でもっとも大切《たいせつ》なのは、水《みず》と食料《しょくりょう》です。籠城《ろうじょう》には、1人《ひとり》あたり1日《にち》に水《みず》が1升《しょう》（1・8リットル）、米《こめ》が6合必要《ごうひつよう》だといわれていました。そのため、城《しろ》の中《なか》にはいくつも井戸《いど》が掘《ほ》られ、米《こめ》などの食料《しょくりょう》が蓄《たくわ》えられていました。

また、いざという時《とき》のために、城内《じょうない》に食《た》べられる実《み》のなる木《き》を植《う》えたり、堀《ほり》でレンコンを育《そだ》てたり、城内《じょうない》の畳《たたみ》や壁《かべ》に食《た》べられるものを埋《う》めておいたりすることもあります。

③水攻《みずぜ》め

秀吉《ひでよし》が備中高松城《びっちゅうたかまつじょう》（岡山県《おかやまけん》）を攻《せ》めた時《とき》におこなったのが、「水攻《みずぜ》め」です。水攻《みずぜ》めは地形《ちけい》をうまく利用《りよう》する方法《ほうほう》です。

備中高松城《びっちゅうたかまつじょう》は、川《かわ》や沼《ぬま》に囲《かこ》まれた攻《せ》めにくい城《しろ》でしたが、秀吉《ひでよし》はそれを逆手《さかて》に取《と》り、城《しろ》の周囲《しゅうい》に堤防《ていぼう》を築《きず》き、川《かわ》の水《みず》を全部《ぜんぶ》引《ひ》き入《い》れて、城《しろ》を水没《すいぼつ》させました。

城《しろ》のキーパーソン 5

豊臣秀吉《とよとみひでよし》に仕《つか》えた天才軍師《てんさいぐんし》

黒田官兵衛《くろだかんべえ》

★生没年《せいぼつねん》 1546 ～ 1604 年《ねん》

豊臣秀吉《とよとみひでよし》の軍師《ぐんし》として、鳥取城《とっとりじょう》の兵糧攻《ひょうろうぜ》め、備中高松城《びっちゅうたかまつじょう》の水攻《みずぜ》めなどの作戦《さくせん》を立《た》てた。築城《ちくじょう》も得意《とくい》で、豊臣時代《とよとみじだい》の大坂城《おおさかじょう》の縄張《なわば》りも担当《たんとう》。

黒田孝高画像　東京大学史料編纂所所蔵模写

④もぐら攻《ぜ》め

トンネルを掘《ほ》って、地下《ちか》から城内《じょうない》に侵入《しんにゅう》しようというのが「もぐら攻《ぜ》め」です。これは、戦国武将《せんごくぶしょう》の武田信玄《たけだしんげん》が得意《とくい》とした方法《ほうほう》で、鉱山《こうざん》を掘《ほ》る技術者《ぎじゅつしゃ》たちを連《つ》れてきて掘《ほ》らせたといわれています。

地下《ちか》から城内《じょうない》に侵入《しんにゅう》するという目的以外《もくてきいがい》に、城内《じょうない》の井戸《いど》に穴《あな》をあけて水不足《みずぶそく》に追《お》い込《こ》む作戦《さくせん》もあった

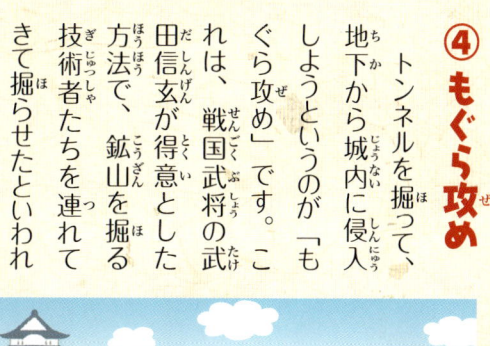

9章《しょう》

炎《ほのお》の城《しろ》で大《だい》ピンチ！

カイ リク マリン
幸村《ゆきむら》から話《はなし》は聞《き》いている
千姫《せんひめ》を無事《ぶじ》に徳川《とくがわ》のもとへと送《おく》り届《とど》けてくれ
家康《いえやす》のねらいはわたしだ
わが妻《つま》 千姫《せんひめ》は徳川家康《とくがわいえやす》の孫《まご》
きっと家康《いえやす》も助《たす》けてくれるだろう

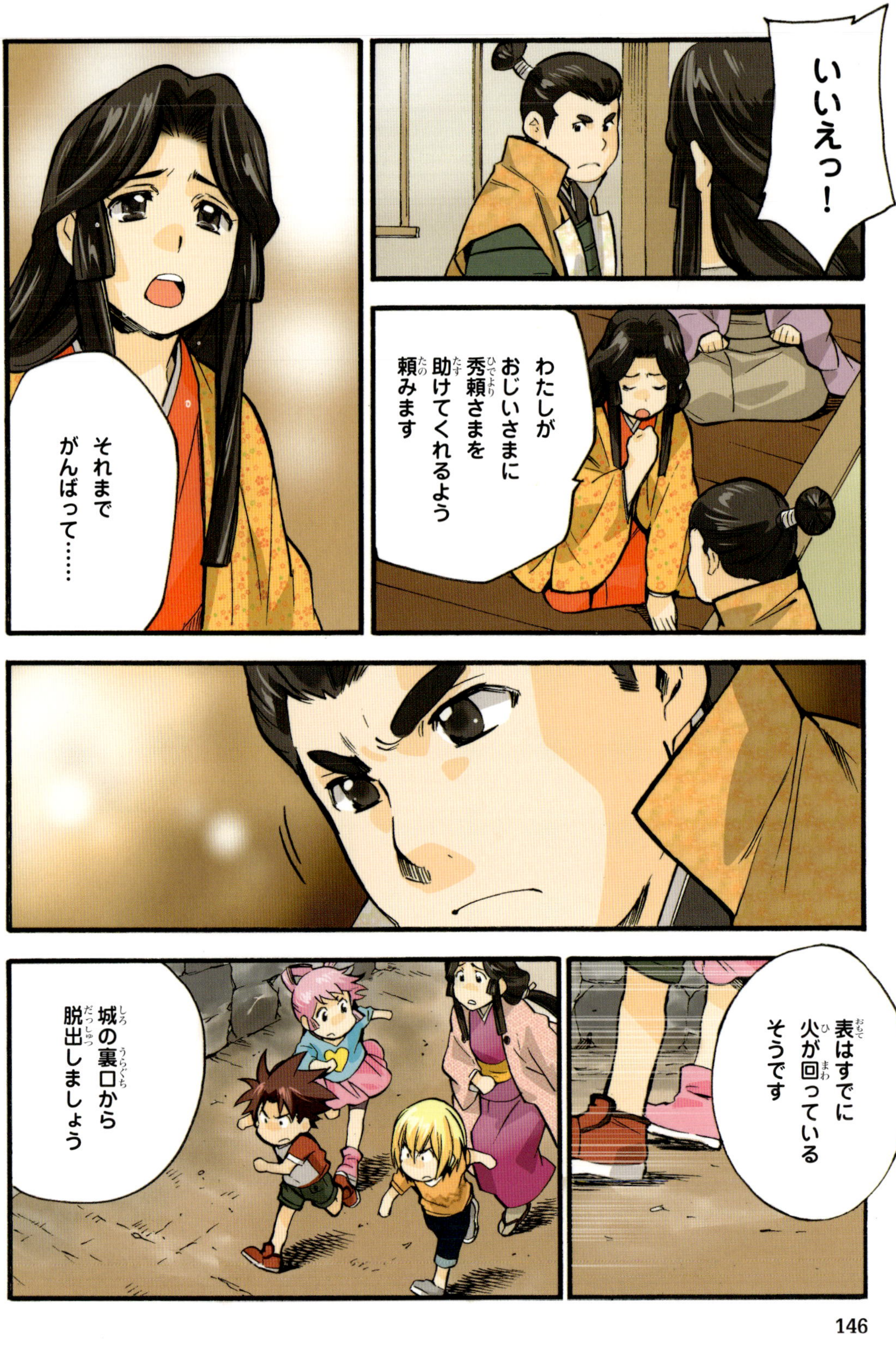
いいえっ！
わたしがおじいさまに秀頼《ひでより》さまを助《たす》けてくれるよう頼《たの》みます
それまでがんばって……
表《おもて》はすでに火《ひ》が回《まわ》っているそうです
城《しろ》の裏口《うらぐち》から脱出《だっしゅつ》しましょう

はあ
はあ
はあ
あっ
ゴオオオ…
だめだ
こっちも火《ひ》が回《まわ》ってきてる……

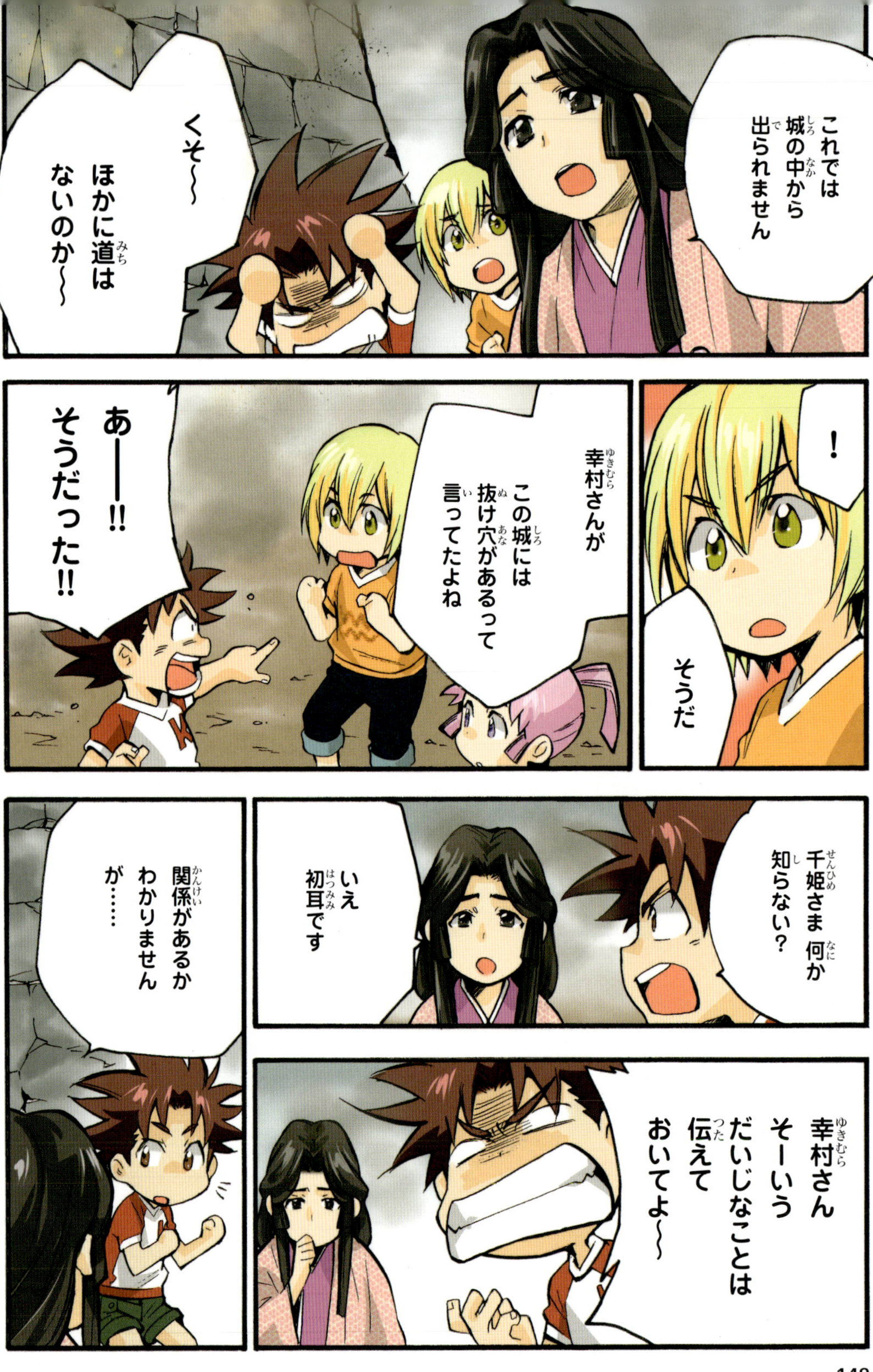
これでは
城《しろ》の中《なか》から
出《で》られません
くそ～～
ほかに道《みち》は
ないのか～～
!
そうだ
幸村《ゆきむら》さんが
この城《しろ》には
抜《ぬ》け穴《あな》があるって
言《い》ってたよね
あ――――!!
そうだった!!
千姫《せんひめ》さま 何《なに》か
知《し》らない?
いえ
初耳《はつみみ》です
関係《かんけい》があるか
わかりません
が……
幸村《ゆきむら》さん
そーいう
だいじなことは
伝《つた》えて
おいてよ～～

以前《いぜん》……幸村《ゆきむら》さまから
ここで生《い》きることに困《こま》ったら
わらべ歌《うた》を思《おも》い出《だ》してみよ…と
わらべ歌《うた》?
かーごめ かーごめの…
幸村《ゆきむら》さんが黄金《おうごん》の隠《かく》し場所《ばしょ》のヒントを徳川家康《とくがわいえやす》の孫《まご》に教《おし》えるとは思《おも》えない……
幸村《ゆきむら》さんが千姫《せんひめ》さまに伝《つた》えたかったこと……
ささっ
?
わらべ歌《うた》は城《しろ》の外《そと》（徳川《とくがわ》）へつながっている
抜《ぬ》け穴《あな》のヒントだったんだ!!

つっても
オレたち
あの暗号《あんごう》
解《と》けてねー
じゃん!
替《か》え歌《うた》に
なっている部分《ぶぶん》に
ヒントがあるはず
だよ
かごめかごめは
囲《かこ》め囲《かこ》めに
なってるし
かごの中《なか》の
鳥《とり》は
鳥居《とりい》に
なってる
よね
あっ
囲《かこ》め囲《かこ》めの
この
「囲《かこ》」むって
文字《もじ》の
口《かこ》の中《なか》の
井《い》って部分《ぶぶん》
鳥居《とりい》っぽいよね
かごの中《なか》の
鳥居《とりい》は「井《い》」
ってこと?
井《い》?
きっと
井戸《いど》の
ことだよ
井戸《いど》か!

──でも
オレが働《はたら》いていた
時《とき》の井戸《いど》は水《みず》が
入《はい》ってたぞ……
空井戸《からいど》なら 天守《てんしゅ》の
後《うし》ろの正面《しょうめん》に……
そう
すぐそこに……
マジ!?
ガタ
よいしょっと
真《ま》っ暗《くら》ね
オレが先《さき》に行《い》く
みんな
あとから
ついてきて
よっ

気《き》をつけて……
よし
ぼくらも
行《い》こう
千姫《せんひめ》さま
気《き》をつけて
くださいね
は…はい
ずいぶん
深《ふか》いな――

深《ふか》いって ことは…… 抜《ぬ》け穴《あな》の 可能性《かのうせい》が高《たか》いよ
城《しろ》から外《そと》に出《で》るって ことは 堀《ほり》の底《そこ》より 深《ふか》いところに 道《みち》をつくらなきゃ いけないから……
こんなふうに
やった!
ザク
底《そこ》に着《つ》いた ぞ!!
暗《くら》くて よく見《み》えない な……
とにかく 手探《てさぐ》りで 道《みち》を探《さが》そう
井戸《いど》の中《なか》に 人《ひと》がいるぞ
豊臣《とよとみ》の やつらか
徳川《とくがわ》の人《ひと》 たちだ
おーい ここに千姫《せんひめ》 さまが……

あぶり出《だ》せ！
はっ
火《ひ》!!
ああ

きゃーーー
やめろー 千姫《せんひめ》さまも いるんだぞー
くそっ 聞《き》こえてねー
足元《あしもと》が落《お》ち葉《ば》だらけだから あっという間《ま》に 火《ひ》の海《うみ》になっちゃうよ
もう ここまでか
ひょい
チューチュー
チュー太郎《たろう》?
チュー太郎《たろう》……
まさか
チューーー!!
カイ マリン ここだ!!
この岩《いわ》の 向《む》こうが 抜《ぬ》け穴《あな》だ!!

何《なに》!?
早《はや》くこの岩《いわ》をどかすんだ
!
ニャ。
まかせとけリク
カイ?
今《いま》こそオレの必殺技《ひっさつわざ》の
出番《でばん》だぜ

カイ!
マジで?
いくぜ
スーパ~ウルトラ~~~~
デンジャラス~~
は……早《はや》く
カイキーック!!

その後《ご》、城《しろ》はどうなった？

① 城《しろ》は1国《こく》にひとつだけ！

江戸時代《えどじだい》に入《はい》り、徳川《とくがわ》の世《よ》になると、各地《かくち》の大名《だいみょう》が持《も》つ城《しろ》の数《かず》が厳《きび》しく制限《せいげん》されました。ひとつの藩《はん》（今《いま》の時代《じだい》の都道府県《とどうふけん》のような区分《くぶん》）に、城《しろ》はひとつまでしか認《みと》められず、それ以外《いがい》の城《しろ》は、すべて取《と》り壊《こわ》すことを命《めい》じられたのです。これを「一国一城令《いっこくいちじょうれい》」といいます。また、「武家諸法度《ぶけしょはっと》」という法律《ほうりつ》で、傷《いた》んだ城《しろ》を修復《しゅうふく》するのにも、幕府《ばくふ》の許可《きょか》が必要《ひつよう》になりました。

城《しろ》の数《かず》を減《へ》らして軍事力《ぐんじりょく》を弱《よわ》め、大名《だいみょう》たちが反乱《はんらん》を起《お》こせないようにしたのです。

② 史上最大《しじょうさいだい》の城《しろ》・江戸城《えどじょう》

徳川将軍家《とくがわしょうぐんけ》の居城《きょじょう》は江戸城《えどじょう》です。江戸城《えどじょう》の天守《てんしゅ》は、3代将軍《だいしょうぐん》・家光《いえみつ》の時《とき》に完成《かんせい》し、その大《おお》きさは日本史上《にほんしじょう》最大《さいだい》で、姫路城天守《ひめじじょうてんしゅ》の約《やく》3倍《ばい》（体積《たいせき》）ともいわれるほどでした。この天守《てんしゅ》を見《み》た人々《ひとびと》は、徳川将軍《とくがわしょうぐん》の強《つよ》さと財力《ざいりょく》を思《おも》い知《し》ったことでしょう。

江戸城《えどじょう》
三代将軍《さんだいしょうぐん》・家光《いえみつ》の代《だい》に完成《かんせい》した５層《そう》の天守《てんしゅ》（右上《みぎうえ》）がそびえる
「江戸図屏風（部分）」　国立歴史民俗博物館蔵

③ 火事《かじ》で燃《も》え落《お》ちた江戸城天守《えどじょうてんしゅ》

江戸城《えどじょう》の壮大《そうだい》な天守《てんしゅ》は、今《いま》は残《のこ》っていません。1657（明暦《めいれき》3）年《ねん》に起《お》こった江戸《えど》の大火事《おおかじ》（「明《めい》暦《れき》の大火《たいか》」）で焼《や》け落《お》ちてしまったのです。その後《ご》、江戸城《えどじょう》の天守《てんしゅ》は再建《さいけん》されませんでした。江戸《えど》の町《まち》の復《ふっ》興《こう》を優先《ゆうせん》したためでもありますが、徳川《とくがわ》の世《よ》がゆるぎないものとなり、天守《てんしゅ》で将軍《しょうぐん》の権威《けんい》を示《しめ》す必要《ひつよう》がなくなったことも大《おお》きな理由《りゆう》でした。

ちなみに、江戸城《えどじょう》のあった場所《ばしょ》は、明治時代《めいじじだい》に入《はい》ると天皇《てんのう》が住《す》む皇居《こうきょ》になりました。

皇居《こうきょ》の中《なか》にある江戸城天守台跡《えどじょうてんしゅだいあと》

明暦《めいれき》の大火《たいか》のあとに天守台《てんしゅだい》だけは再建《さいけん》され、今《いま》も皇居内《こうきょない》に残《のこ》る。巨石《きょせき》をふんだんに使《つか》った美《うつく》しい石垣《いしがき》だ

写真：朝日新聞社

④ 明治時代《めいじじだい》に城《しろ》が壊《こわ》された！

明治時代《めいじじだい》に入《はい》ると、城《しろ》は無用《むよう》の長物《ちょうぶつ》とされ、明治《めいじ》政府《せいふ》は城《しろ》の処分《しょぶん》を命《めい》じました。いわゆる「廃城令《はいじょうれい》」です。これにより、城《しろ》の建物《たてもの》は、再利用《さいりよう》できないものは火《ひ》を燃《も》やすための薪《まき》などにされ、石垣《いしがき》の石《いし》は、港《みなと》や鉄道《てつどう》をつくるためなどに使《つか》われました。わずかに残《のこ》った城《しろ》も、第《だい》2次世界大戦《じせかいたいせん》の空襲《くうしゅう》で多《おお》くが焼《や》け落《お》ちてしまいました。108、109ページで紹介《しょうかい》した「現存《げんそん》12天守《てんしゅ》」は、そんな中《なか》で残《のこ》った、奇跡《きせき》のようなものなのです。

現在《げんざい》、各地《かくち》にある天守《てんしゅ》は、昭和以降《しょうわいこう》に再建《さいけん》されたものがほとんどです。

現在《げんざい》の大阪城天守《おおさかじょうてんしゅ》は3代目《だいめ》！

豊臣秀吉《とよとみひでよし》が建《た》てた最初《さいしょ》の天守《てんしゅ》は、大坂夏《おおさかなつ》の陣《じん》で焼《や》け落《お》ちた。その後《ご》、徳川家《とくがわけ》によって再建《さいけん》された天守《てんしゅ》は、落雷《らくらい》で焼《や》けた。現在《げんざい》の大守《てんしゅ》は、昭和《しょうわ》になってから大阪市民《おおさかしみん》の手《て》によって再建《さいけん》されたものだ

写真：朝日新聞社

10章《しょう》 さよなら！ 真田幸村《さなだゆきむら》さん

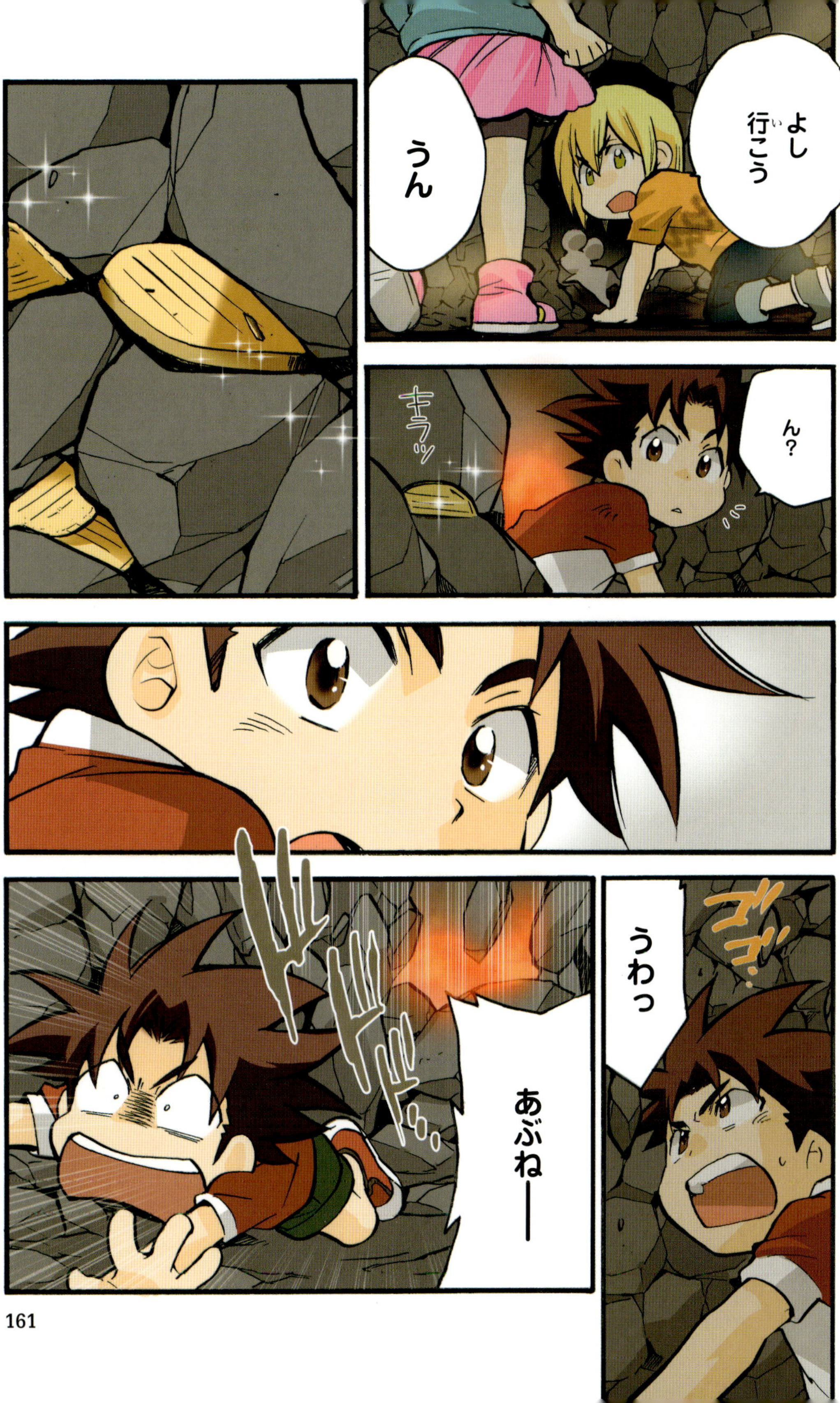
よし
行《い》こう
うん
キラッ
ん?
うわっ
ゴゴ…
ドドドッ
あぶねー

道《みち》が崩《くず》れる
急《いそ》げ――
うそー――
オ
オ
オ…
ガタ
ガタ
ぷはっ
ガタン

やったー
外《そと》だ
出《で》られたぞー
あ……

大坂城《おおさかじょう》が
燃《も》えてる……
秀頼《ひでより》さま……
何者《なにもの》だ!!
あやしいやつらめ
豊臣《とよとみ》の者《もの》か!?

無礼者《ぶれいもの》!
この者《もの》たちに手《て》を出《だ》せば承知《しょうち》せぬぞ
なにっ……?
あ!!
その御紋《ごもん》は
徳川家《とくがわけ》の葵《あおい》の御紋《ごもん》!!
もしや千姫《せんひめ》さま!

そうだ ここにおわす お方《かた》は 千姫《せんひめ》さま であるぞ!!
水戸《みと》黄門《こうもん》?
頭《ず》が高《たか》い ひかえおろ～
ははー～っ
徳川《とくがわ》のけらいの 方《かた》ですか?
千姫《せんひめ》さまを 家康《いえやす》さまのもとへ 送《おく》り届《とど》けて くださいますか?
わかりました
おまかせ ください!!
ありがとう みんな
元気《げんき》で……

がんばれよ
ふあ～あ よく寝《ね》た あ～
あやしゃお 目《め》が覚《さ》めたの かい？
なんだよ おまえ 寝《ね》てたのかよ!!
え 何《なん》か あったんス か？
そりゃもう たいへんな冒険《ぼうけん》 だったぜ……
おまえが寝《ね》てる 間《あいだ》に オレは ひとまわり大《おお》きく なったのさ

ガキィ
あああぁ
ぬわー
オレっちも負《ま》けてられないっス
次《つぎ》の冒険《ぼうけん》に行《い》くっスよー!!
わっ
ちょっと
やしゃおーー!!

おりゃあ!
ぐわっ
!
カイ
マリン
リク……
また会《あ》おう
どこかで……

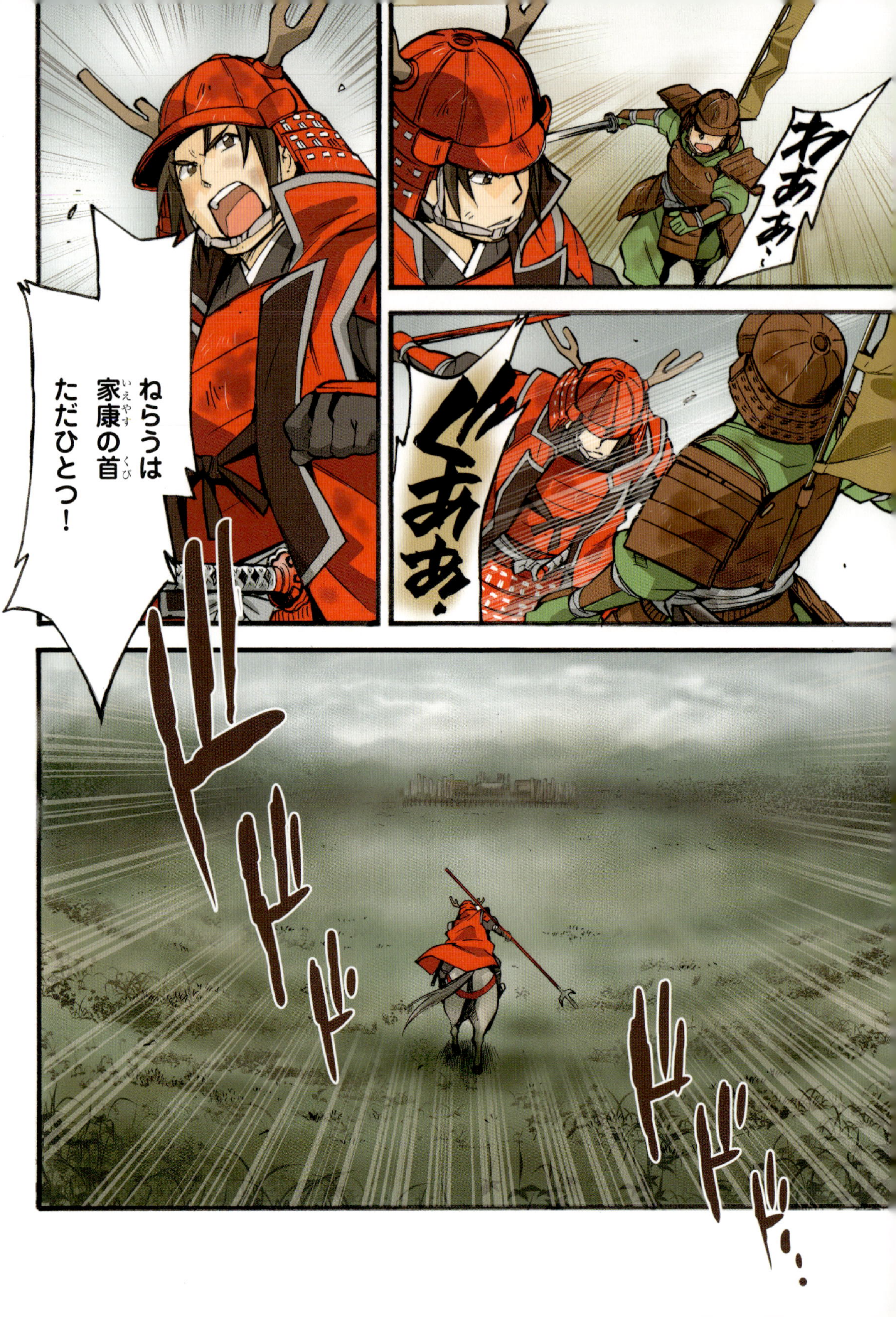
わああ…
ねらうは家康《いえやす》の首《くび》ただひとつ！
ぐああ…
ドドドド
ドドドド…

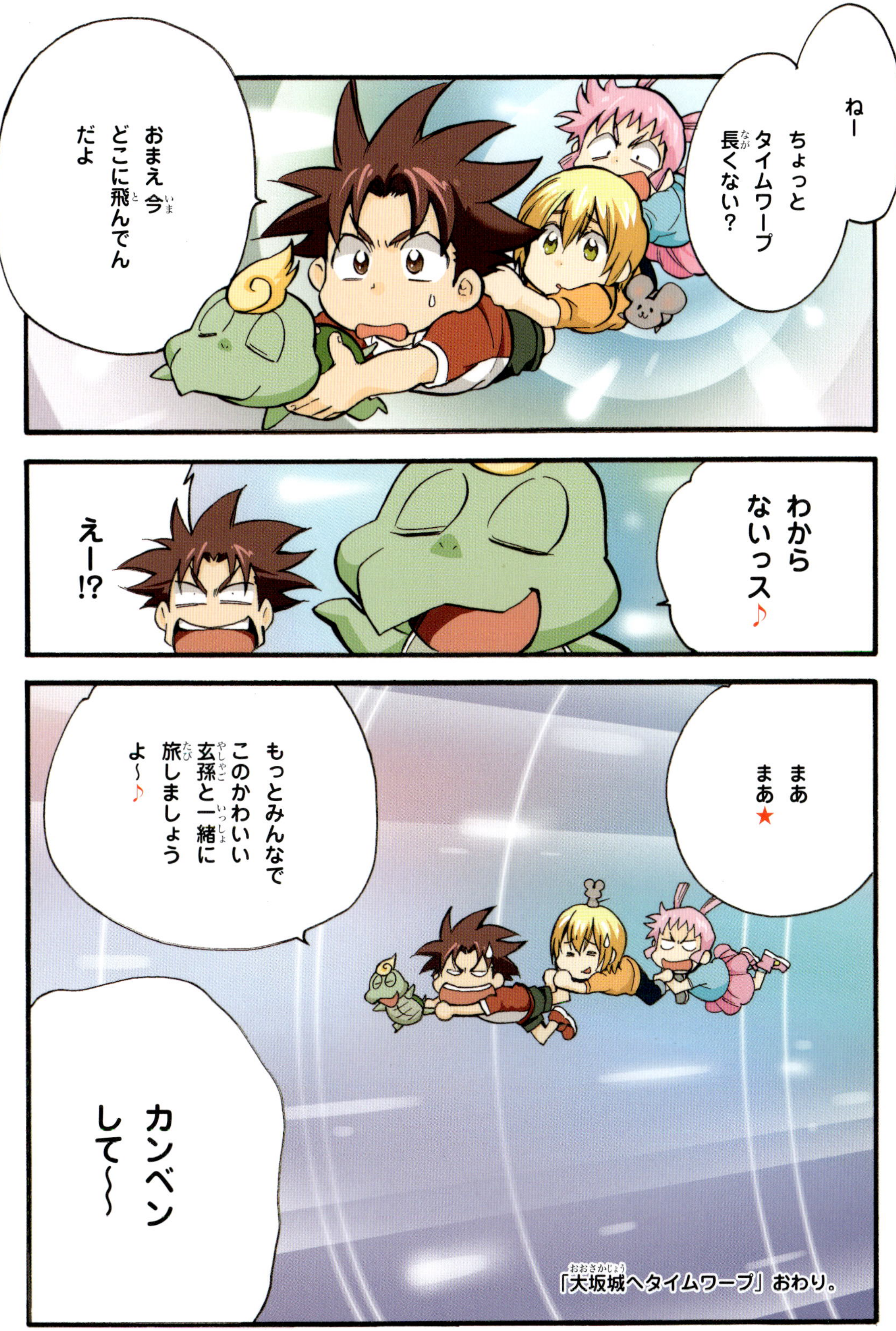
ねー ちょっと タイムワープ長《なが》くない?
おまえ今《いま》どこに飛《と》んでんだよ
わからないっス♪
えー!?
まあまあ★
もっとみんなでこのかわいい玄孫《やしゃご》と一緒《いっしょ》に旅《たび》しましょうよ~♪
カンベンして~~
「大坂城《おおさかじょう》へタイムワープ」おわり。

大坂夏《おおさかなつ》の陣《じん》

① 講和《こうわ》は家康《いえやす》の罠《わな》だった！

「大坂冬《おおさかふゆ》の陣《じん》」の時《とき》、このまま大坂城《おおさかじょう》を攻《せ》めても落《お》とせないと悟《さと》った徳川家康《とくがわいえやす》は、作戦《さくせん》を変更《へんこう》しました。まず、大坂城《おおさかじょう》に大砲《たいほう》を撃《う》ち込《こ》み、大砲《たいほう》におびえた豊臣《とよとみ》方《がた》に和睦《わぼく》を持《も》ちかけたのです。この時《とき》の条件《じょうけん》のひとつが、堀《ほり》を埋《う》めるというものでした。豊臣秀頼《とよとみひでより》は条件《じょうけん》をのみ、和睦《わぼく》に応《おう》じました。しかし、これは家康《いえやす》のしくんだ罠《わな》でした。

堀《ほり》を埋《う》められて防御力《ぼうぎょりょく》が大幅《おおはば》にダウンしたところを見計《みはか》らい、家康《いえやす》は再《ふたた》び理由《りゆう》をつけて大軍《たいぐん》を率《ひき》いて城《しろ》を攻《せ》めたのです。これが、「大坂夏《おおさかなつ》の陣《じん》」です。

堀《ほり》がなければ
守《まも》れるわけ
ないじゃない！

冬《ふゆ》の陣《じん》の時《とき》

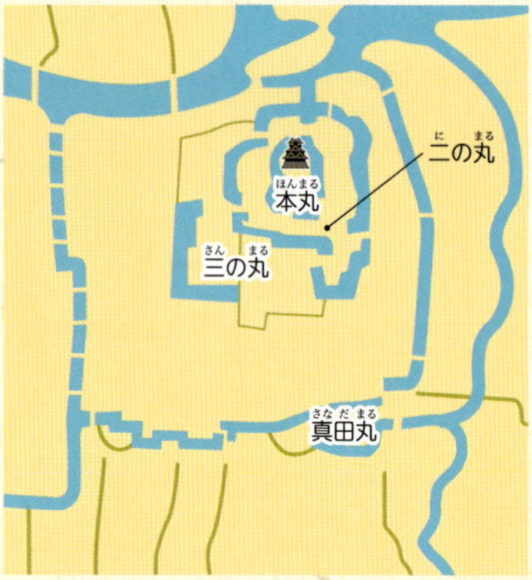
二の丸《にのまる》
本丸《ほんまる》
三の丸《さんのまる》
真田丸《さなだまる》

堀《ほり》が、秀頼《ひでより》のいる本丸《ほんまる》を何重《なんじゅう》にも取《と》り囲《かこ》んでいる。城《しろ》の南側《みなみがわ》には、真田丸《さなだまる》が築《きず》かれた

夏《なつ》の陣《じん》の時《とき》

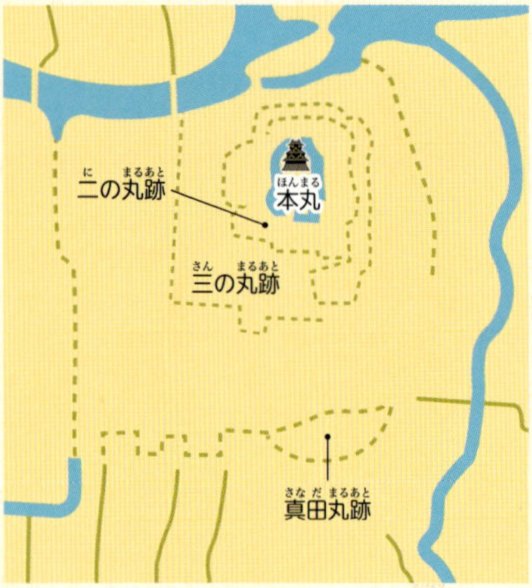
二の丸跡《にのまるあと》
本丸《ほんまる》
三の丸跡《さんのまるあと》
真田丸跡《さなだまるあと》

ほとんどの堀《ほり》が埋《う》められ、本丸《ほんまる》は、ほぼ丸裸状態《まるはだかじょうたい》に。堀《ほり》を埋《う》める時《とき》に真田丸《さなだまる》も壊《こわ》されてしまった

② 幸村《ゆきむら》、最後《さいご》の戦《たたか》い

堀《ほり》が埋《う》められ、大軍《たいぐん》で囲《かこ》まれた大坂城《おおさかじょう》。落城《らくじょう》も時《じ》間《かん》の問題《もんだい》という中《なか》、真田幸村《さなだゆきむら》は、敵《てき》の大将《たいしょう》である家《いえ》康《やす》ひとりに狙《ねら》いを定《さだ》めました。家康《いえやす》さえ倒《たお》せば、徳川《とくがわ》方《がた》は大《おお》きく動揺《どうよう》し、戦《いくさ》に勝《か》てると考《かんが》えたのです。

幸村《ゆきむら》は、敵《てき》を蹴散《けち》らしながら家康《いえやす》の本陣《ほんじん》にまっすぐ攻《せ》め上《のぼ》りました。幸村《ゆきむら》は家康《いえやす》のすぐ近《ちか》くまで迫《せま》り、家康《いえやす》も死《し》を覚悟《かくご》したと伝《つた》えられています。結局《けっきょく》、あと一歩《いっぽ》のところで及《およ》ばず、幸村《ゆきむら》は討《う》ち死《じ》にしました。

この時《とき》の勇猛《ゆうもう》な戦《たたか》いぶりは、のちに「日本一《ひのもといち》の兵《つわもの》」とたたえられました。

難攻不落《なんこうふらく》といわれた大坂城《おおさかじょう》は、この戦《たたか》いで燃《も》え落《お》ち、秀頼《ひでより》とその母《はは》・淀殿《よどどの》は自害《じがい》しました。ここに、豊臣家《とよとみけ》は滅亡《めつぼう》したのです。

城《しろ》のキーパーソン 6

豊臣秀頼《とよとみひでより》の妻《つま》

千姫《せんひめ》

★生没年《せいぼつねん》 1597～1666年《ねん》

江戸幕府《えどばくふ》２代将軍《だいしょうぐん》・徳川秀忠《とくがわひでただ》の子《こ》。７歳《さい》で豊臣秀頼《とよとみひでより》の妻《つま》になり、大坂城落城時《おおさかじょうらくじょうじ》に脱出《だっしゅつ》。その後再婚《ごさいこん》し、10年《ねん》ほど姫路城《ひめじじょう》に住《す》んだ。

写真：フォトライブラリー

もの知《し》りコラム

「真田《さなだ》の抜《ぬ》け穴《あな》」伝説《でんせつ》

真田幸村《さなだゆきむら》が、大坂城《おおさかじょう》の中《なか》と外《そと》を自由《じゆう》に行《い》き来《き》するために掘《ほ》った穴《あな》があるという伝説《でんせつ》があります。いわゆる「真田《さなだ》の抜《ぬ》け穴《あな》」です。第《だい》2次世界大戦前《じせかいたいせんまえ》までは、真田《さなだ》の抜《ぬ》け穴《あな》といわれる穴《あな》が何《なん》カ所《しょ》もあったそうです。実際《じっさい》には、徳川方《とくがわがた》が「もぐら攻《ぜ》め」（143ページを見《み》よう）のために掘《ほ》った穴《あな》だとの説《せつ》もあります。

「真田《さなだ》の抜《ぬ》け穴《あな》」跡《あと》!?

真田丸跡近《さなだまるあとちか》くの神社《じんじゃ》にある穴《あな》。「真田《さなだ》の抜《ぬ》け穴《あな》」跡《あと》だという言《い》い伝《つた》えがある

写真：朝日新聞社

日本《にほん》の城《しろ》の歴史《れきし》年表《ねんぴょう》

古代《こだい》

弥生時代《やよいじだい》、吉野ケ里遺跡《よしのがりいせき》などの環濠集落《かんごうしゅうらく》がつくられ、物見《ものみ》やぐらなどが建《た》てられる

飛鳥時代《あすかじだい》、九州《きゅうしゅう》から瀬戸内《せとうち》にかけて、朝鮮式山城《ちょうせんしきやまじろ》がつくられる

奈良時代《ならじだい》、朝廷《ちょうてい》が蝦夷《えみし》を征服《せいふく》する拠点《きょてん》として東北地方《とうほくちほう》に多賀城《たがじょう》などの城柵《じょうさく》がつくられる

奈良時代《ならじだい》や平安時代《へいあんじだい》、中国《ちゅうごく》の都《みやこ》にならって、都市《とし》を城壁《じょうへき》で囲《かこ》んだ都城《とじょう》がつくられる

中世《ちゅうせい》

１３３２年《ねん》、楠木正成《くすのきまさしげ》が山城《やまじろ》・千早城《ちはやじょう》をつくる

１３４６年《ねん》、赤松貞範《あかまつさだのり》がのちの姫路城《ひめじじょう》をつくる

１４５７年《ねん》、太田道灌《おおたどうかん》が江戸城《えどじょう》をつくる

室町時代後期《むろまちじだいこうき》（戦国時代《せんごくじだい》）になって、さかんに山城《やまじろ》がつくられるようになる

安土桃山時代以降《あづちももやまじだいいこう》、壮大《そうだい》な天守《てんしゅ》を持《も》つ平城《ひらじろ》がさかんにつくられるようになる

１５７６年《ねん》、織田信長《おだのぶなが》が安土城《あづちじょう》をつくりはじめる

１５８３年《ねん》、豊臣秀吉《とよとみひでよし》が大坂城《おおさかじょう》をつくりはじめる

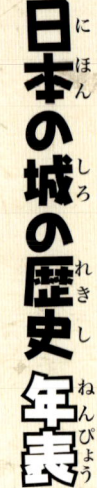

近世《きんせい》

1600年頃《ねんごろ》、加藤清正《かとうきよまさ》が熊本城《くまもとじょう》に天守《てんしゅ》をつくりはじめる。この頃《ころ》から各地《かくち》の大名《だいみょう》がさかんに新《あたら》しい城《しろ》をつくったり、古《ふる》い城《しろ》の大改修《だいかいしゅう》を行《おこな》ったりするようになる

1601年《ねん》、池田輝政《いけだてるまさ》が姫路城《ひめじじょう》の大改修《だいかいしゅう》を行《おこな》う

1603年《ねん》、徳川家康《とくがわいえやす》が江戸城《えどじょう》の拡張工事《かくちょうこうじ》を始《はじ》める

1615年《ねん》、一国一城令《いっこくいちじょうれい》が出《だ》される（↓158ページ）

近現代《きんげんだい》

1868年《ねん》、江戸城《えどじょう》に明治天皇《めいじてんのう》が入城《にゅうじょう》。以降《いこう》、東京城《とうけいじょう》と名前《なまえ》を変《か》え、のちに皇居《こうきょ》となる

1873年《ねん》、「廃城令《はいじょうれい》」が出《だ》される（↓159ページ）

1945年《ねん》、アメリカ軍《ぐん》の攻撃《こうげき》によって、名古屋城《なごやじょう》など多《おお》くの城《しろ》が焼《や》けてしまう

1958年《ねん》、広島城《ひろしまじょう》の天守《てんしゅ》が復元《ふくげん》されたことで、日本《にほん》に「城《しろ》ブーム」が起《お》きる。この後《あと》、多《おお》くの城《しろ》で天守《てんしゅ》の復元《ふくげん》が行《おこな》われるようになる

1993年《ねん》、姫路城《ひめじじょう》が世界遺産《せかいいさん》に登録《とうろく》される

2006年《ねん》、日本《にほん》100名城《めいじょう》が選《えら》ばれる

2017年《ねん》、続日本《ぞくにほん》100名城《めいじょう》が選《えら》ばれる

監修	河合敦
編集デスク	大宮耕一、橋田真琴
編集スタッフ	泉ひろえ、河西久実、庄野勢津子、十枝慶二、中原崇
シナリオ	河西久実
マンガ協力	川井郊子、楠美マユラ、せまうさ、ミサワハヤト、明治、合同会社スリーペンズ（川上ちまき、宮崎薫里絵）
コラムイラスト	相馬哲也、楠美マユラ
参考文献	『早わかり日本史』河合敦著 日本実業出版社／『大坂城 絵で見る日本の城づくり』青山邦彦作 北川央監修 講談社／『日本人はどのように建造物をつくってきたか3 大坂城 天下一の名城』宮上茂隆著 穂積和夫イラストレーション 草思社／『城のつくり方図典 改訂新版』三浦正幸著 小学館／『お城のすべて』三浦正幸監修 学研パブリッシング／『知識ゼロからの日本の城入門』小和田哲男著 幻冬舎／『図説・戦う城の科学 古代山城から近世城郭まで軍事要塞たる城の構造と攻防のすべて』萩原さちこ SBクリエイティブ／『図解 戦国の城がいちばんよくわかる本』西股総生著 ベストセラーズ／「週刊マンガ日本史 改訂版」41、46、49号

※本シリーズのマンガは、史実をもとに脚色を加えて構成しています。

大《おお》坂《さか》城《じょう》へタイムワープ

2018年2月28日　第1刷発行

著　者　マンガ：細雪純／ストーリー：チーム・ガリレオ
発行者　須田剛
発行所　朝日新聞出版
〒104-8011
東京都中央区築地5-3-2
編集　生活・文化編集部
電話　03-5540-7015（編集）
03-5540-7793（販売）

印刷所　株式会社リーブルテック
ISBN978-4-02-331631-7
定価はカバーに表示してあります